Vera Griebert-Schröder / Franziska Muri

Deine Liebe zum Leben

Segensreiche Impulse für die
Entfaltung der neuen Erde

Deine Liebe zum Leben

Vera Griebert-Schröder / Franziska Muri

Deine Liebe zum Leben

Segensreiche Impulse für die Entfaltung der neuen Erde

Hinweis

Das vorliegende Buch ist sorgfältig erarbeitet worden. Dennoch erfolgen alle Angaben ohne Gewähr. Weder die Autorinnen noch der Verlag können für eventuelle Schäden, die aus den im Buch gegebenen praktischen Hinweisen resultieren, eine Haftung übernehmen.

Dieses Buch ist eine vollständig überarbeitete, stark gekürzte und teilweise neu verfasste Version des Buches »Großstadtschamanismus«, das 2014 im Arkana Verlag in der Verlagsgruppe Random House erschienen ist.

Bibliografische Information der Deutschen Nationalbibliothek: Die Deutsche Nationalbibliothek verzeichnet diese Publikation in der Deutschen Nationalbibliografie; detaillierte bibliografische Daten sind im Internet über dnb.dnb.de abrufbar.

Inhalt

Deine Liebe
zum Leben

Stell dir eine Welt vor, in der jeder Mensch voller Freude und Liebe er selbst ist. Eine Welt, in der jeder sein individuelles Potenzial lebt und sich zugleich mit allen anderen verbunden weiß. Eine Welt, in der es ein harmonisches Miteinanderfließen gibt – von Menschen, von Gesellschaftsschichten und Kulturen, von Mensch und Natur. Eine Welt, in der es uns ein Anliegen ist, dass es nicht nur uns selbst, sondern auch allen anderen gut geht, seien es unsere Liebsten oder Leute, denen wir nie begegnet sind, seien es Seelenverwandte oder kulturell Fremde, seien es Menschen oder Tiere, Pflanzen oder Biotope. Gemeinsam sind wir eine Welt, eine Erde. Untrennbar.

Nimm dir etwas Zeit und stell dir eine solche Welt einmal wirklich vor. Eine Welt, in der wir alle uns für das wahrhaft Menschliche einsetzen, für das Ganze, für eine lebenswerte Zukunft. Für das Leben an sich.

Wie fühlt sie sich an, diese Welt? Uns öffnet sie das Herz. Uns macht sie still, bevor sie uns ein großes, dankbares, freudiges Ja entlockt. Ein Ja voller Liebe zum Leben.

Alles, was es für eine solche Welt braucht, ist in uns angelegt. Wir tragen es als Potenzial in uns – wir bräuchten es nur zu leben. Wir bräuchten es nur zur Entfaltung zu bringen. Und wir könnten sofort damit beginnen. Jetzt, in diesem Augenblick.

»Sei du selbst die Veränderung, die du dir wünschst für diese Welt«

Wärme, Menschlichkeit, Nähe, Würde, Liebe, gefühlte Teilhabe am Sein alles Lebendigen auf der Erde – dies sind Werte, die in immer mehr Köpfen und Herzen neu Fuß fassen und neu zur Entfaltung gebracht werden. Unzählbar viele Menschen setzen sich für eine Welt der Liebe zum Leben ein – Tag für Tag, im Kleinen wie im Großen. Sie bringen Achtsamkeit in den Alltag, Liebe ins Miteinander, zornige Entschlossenheit in Missstände, ganzheitliches Aufbruchdenken in die Unternehmen und die Politik. Kleine alltägliche Gesten zählen dabei ebenso wie wachsende Initiativen und weltweite Zusammenschlüsse von Menschen, die Unrecht entgegenwirken und Leid ein Ende setzen. Sie alle verändern das Gesicht dieser Erde bereits heute – und es werden Tag für Tag mehr. Sie sind getragen von Menschen, die zeigen, wie wir leben könnten, wenn wir unsere Kräfte für das Lebendige und Lebenswerte einsetzen.

Es gibt viele Wege, diese Liebe zum Leben in der Welt zu stärken – stille und lautere, meditative und aktionsreiche, individuelle und gemeinsame. Immer aber dürfte der erste Schritt das Wahrnehmen sein: Was ist wirklich los auf dieser Erde? Was erlebe ich in meinem Umfeld? Wie geht es dem Leben um mich her? Dabei braucht es den Schritt über das rein menschliche Leben hinaus: das Begreifen, dass wir hier nicht allein sind, sondern ein kleines Steinchen inmitten eines unendlich großen Mosaiks aus Lebendigkeit.

Von den vielen Wegen, Lebensliebe zu praktizieren, möchte dir dieses Buch einen vorstellen, der seine Wurzeln in spirituellen Traditionen wie dem Schamanismus und dem Buddhismus hat. Zugleich ist es eine zeitgemäße Weiterentwicklung alter Weisheitslehren, die unsere modernen Lebensumstände ebenso einbezieht wie die Tatsache, dass die meisten von uns heute urban und der Natur mehr oder weniger entfremdet leben. Es kennt zugleich aber auch die Sehnsucht von immer mehr Menschen, die Natur wieder zu spüren, ihr wieder nahe zu sein, neu in Liebe verbunden.

Wie immer beginnt es beim Einzelnen. »Liebe zum Leben«, das ist zu allererst eine Haltung – die innere Einstellung dem Leben gegenüber. Viele wünschen sich einen neuen Weg für die Menschheit – und der beginnt nicht in der Politik oder der Wirtschaft, sondern in jedem Einzelnen von uns. Er beginnt in unserem Bewusstsein. Erfährt das einen grundlegenden Wandel, verändert sich das Außen mit, ähnlich wie bei einem Stein, der ins Wasser fällt und mehr und mehr Kreise auf der Oberfläche ausbreitet. Menschen mit einem wachen, klaren Bewusstsein, mit einem Gespür für ihr Umfeld, mit einer gefühlten Verbundenheit zum großen Ganzen – sie fassen Beschlüsse im Sinne des Lebens, sie handeln im Sinne des Ganzen, sie wandeln die Erde auf heilsame Weise.

Es ist fast zu einfach, um wahr zu sein: Wenn wir uns selbst auf ganzheitliche Weise heilen, wenn wir unsere Seele, unseren Geist gesunden lassen, dann werden wir auch zunehmend zu lebensdienlichen Menschen. All die aktuellen Missstände sind nicht entstanden, weil Leben nun mal so sein muss, sondern weil es in uns etwas gibt, dem Konkurrenz, persönlicher Sieg und gewaltsames Herrschaftsstreben über Jahrhunderte offenbar wichtiger waren als Mitmenschlichkeit, Liebe und Fürsorge für die Natur. Heute nun scheint es an der Zeit, dieser Seite unseres Wesens nicht mehr die Macht zu überlassen. Wir können entscheiden, was für uns wertvoll und bedeutsam ist. Wir haben die Wahl, wofür wir unsere Kraft einsetzen. Es scheint an der Zeit, die Qualitäten ins uns zu kultivieren, die dem Leben dienen. Es scheint dringender denn je geboten, unser Herz zu entwickeln, unsere Weisheit, das Wissen um unsere Allverbundenheit.

Auf einem solchen Weg, der dem Ganzen dient, geht es recht schnell uns selbst sehr viel besser. Ob es – ganz einfach – das wachsende Mitgefühl mit der Welt um uns her ist, das freundliche Wort an eine Nachbarin, die Spende an ein Tierschutzprojekt oder die tatkräftige ehrenamtliche Unterstützung einer sozialen Initiative – immer geht es uns gut dabei. In uns selbst entsteht ein Wohlgefühl, wenn wir freien Herzens etwas für andere tun. Zugleich sind wir in dem wundervollen Gefühl, uns mit dem Ganzen verbunden zu wissen und unseren Beitrag zum Leben zu leisten. Liebe zum Leben heißt immer auch: Liebe zu sich selbst, zu dem Aspekt des Lebens, den wir als Ich bezeichnen. Heilung im eigenen Inneren – dort beginnt es, wenn wir im Außen Blüten sichtbar werden lassen wollen. Ganz bei uns selbst nimmt der Wandel seinen Lauf. Deswegen ist das, was du in diesem Buch finden wirst, eine Vielfalt an Möglichkeiten, wie du dich selbst zum Strahlen, zum Aufblühen, zum Dahinschmelzen und zum Durchatmen bringst. Es sind Angebote für dein Heimkommen ins eigene Innere, für dein Ankommen, für dein Erspüren von höheren Kräften im Leben, die in verborgener Sinnhaftigkeit das große Ganze steuern.

Wie wäre es, wenn eine Haltung der Lebensliebe die sichere Grundlage deiner Realität wäre? Wie wäre es, wenn du eine grundlegend spürbare Zuversicht in dein Leben bringen würdest, eine innere Zufriedenheit, die dir Gelassenheit, innere Klarheit und Mut gäbe? Dieses Buch möchte dich genau dorthin führen. Es kann für eine Zeit dein Navigationsgerät sein, mit dem du die Orientierung aufnimmst – hin zu dir selbst, zur heilen Mitte in dir und zur liebevollen Verbundenheit mit allem Leben um dich herum.

Es braucht kein besonderes, außergewöhnliches, erst noch zu entwickelndes spirituelles Bewusstsein, um dem Leben mit Freude und Offenheit, mit innerer Kraft und Liebe zu begegnen. Du musst kein neues ABC lernen, um sinnerfüllt leben und alles um dich her achtsam behandeln zu können. Du hast bereits alles in dir, was dafür nötig ist. Du hast die Liebe auf ganz natürliche Weise in dir. Wie auch immer dein Leben bis zum heutigen Tag aussah – du bist auf dem Weg, auf deinem Lebensweg, und findest hier Anregungen, das zu verfeinern und immer mehr zur Alltagsrealität werden zu lassen, was an Liebe zum Leben bereits in dir wohnt.

Die Liebe täglich kultivieren

Was wir dir hier vorstellen möchten, ist keine neue Erfindung. Es ist eine Haltung, die heute längst von vielen Menschen gelebt wird, genauer gesagt: wieder gelebt, denn eigentlich ist sie uralt. Alles, was wir von den frühen Menschheitskulturen überall auf der Erde wissen, deutet darauf hin, dass sie dem Leben und dem Wesen Erde, Gaia, in Wertschätzung, Dankbarkeit und Liebe verbunden waren und dem in Ritualen und in ihrer alltäglichen Lebensart Ausdruck verliehen. Wenn wir uns dem heute wieder anschließen wollen, heißt das vor allem, dass wir uns immer neu auf das Lebensdienliche einstimmen müssen. Am besten jeden Tag. Denn zu leicht geht es uns im Alltag wieder verloren, weil die Schwingung der gegenwärtigen Gesellschaft, von der wir Teil sind, eine völlig andere ist. Doch mit bewusstem Innehalten, Spüren, mit Meditationen und unterschiedlichen, spielerischen Übungen schwingen wir uns auf die Liebe zum Leben ein. Wir lassen sie so über die Zeit immer stärker in uns wachsen und dann auch – wie von selbst – nach außen hin wirken.

Eine solche Praxis kann das gesamte Leben verwandeln, deins und das deines Umfeldes. Du erlebst:

- dein Sein als bewusste Mitgestalterin, als bewusster Mitgestalter einer achtsamen Lebenshaltung,
- Pausen vom sorgenvollen Denken und von der Geschäftigkeit des Alltags,
- ein zunehmendes Bewusstsein für die eigene Mitte und die Wege, dorthin zu gelangen,
- ein wachsendes Bewusstsein für die eigene Innenwelt,

- Werkzeuge, um erfolgreich mit schwierigen emotionalen Lagen und fordernden Lebenssituationen umzugehen,
- einen Perspektivwechsel – von der Ein- zur Mehrdimensionalität,
- einen inspirierenden Austausch mit Pflanzen, Bäumen, Tieren, Steinen, der Natur,
- selbst kreierte und gepflegte Kraftplätze zum Auftanken – in der Natur, in der Stadt und im eigenen Inneren,
- die (Wieder-)Erweckung der eigenen Kindlichkeit, der spielerischen Freude und staunenden Neugier,
- Rat und Unterstützung aus der geistigen Welt,
- einen kraftvollen Zugang zur eigenen Schöpferkraft,
- ein Gefühl der Verbundenheit mit allem Lebendigen und den vielen Menschen, die dir darin verwandt sind,
- ein Handeln im Sinne der Lebensliebe, die dich selbst immer mehr erfüllt.

Zu all dem möchte dich dieses Buch führen. Oder anders gesagt: Es will dir das, was du ohnehin bereits weißt, kennst und praktizierst, von einem anderen Blickwinkel aus stärker bewusst machen und tiefer zu verankern helfen. Du kannst dabei aus einer großen Zahl an praktischen Anregungen und Ideen immer wieder neu das wählen, was dich anzieht, was dir Freude macht oder Hilfe verspricht. Vor allem aber möchten wir ein intensives Gefühl deiner Lebensliebe in dir wachrufen und dich anregen, es im Alltag zu leben.

Wenn du hier Neuland betrittst, mag das alles anfangs etwas ungewohnt sein. Manchen fehlt dann der Mut weiterzugehen, auch weil sie sich auf einem solchen Weg allein fühlen. Im Alltag wird über diese Dinge kaum gesprochen.

Die wenigsten Medien berichten darüber, auch wenn es da seit einigen Jahren eine Öffnung gibt. Gerade für Momente, in denen du dir allein vorkommst mit deiner großen Sehnsucht nach einer besseren Welt, in denen du das Schöne im Leben um dich herum vermisst, in denen du dich so »anders« fühlst, weil du tief in deinem Inneren irgendwie doch an Wunder glaubst und nicht mehr ohne tiefere Verbundenheit mit dem Göttlichen leben möchtest, ist die folgende Meditation geeignet. Mit ihr beginnst du, beginnen wir eine Vision zu weben – deswegen steht sie auch hier, am Anfang dieses Buches. Sie verbindet dich mit all dem Schönen, das es selbstverständlich auch in deiner Umgebung gibt, selbst wenn sie dir in manchen Momenten grau und herzlos erscheinen mag. Es ist eine Meditation zur Stärkung deiner Absicht, einen Weg der Heilung zu gehen, der dich in deine Mitte führt.

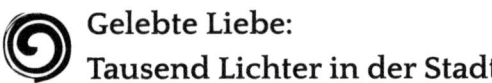 **Gelebte Liebe:**
Tausend Lichter in der Stadt

- Nimm dir einen Moment Zeit für eine Reflexion. Setz dich bequem hin und atme zur Entspannung ein paar Mal tief ein und aus. Spür deinen Körper, wie er von der Erde getragen wird, und komm ganz bei dir an.
- Stell dir nun vor deinem geistigen Auge deine Stadt (oder eine Stadt in deiner näheren Umgebung) vor – dutzende Straßen, hunderte Häuser, in denen unzählige Menschen leben.
- Stell dir genauer vor, was hinter all den Mauern und Fenstern gerade geschieht. Wie viele Menschen dort la-

chen gerade? Wie viele Mütter blicken in diesem Moment in die Augen ihres Babys? Wo überall streichelt gerade jemand liebevoll seinen Hund oder schaut seiner Katze versonnen beim Spielen zu? Wie viele Menschen genießen gerade mit allen Sinnen ein köstliches Essen? Wie viele Paare lieben sich gerade? Wie viele Menschen erfreuen ihren Körper mit Yoga-Übungen, einem entspannenden Bad oder einer Massage? Wie viele Menschen sind gerade jetzt still und friedvoll in eine Meditation versunken? In wie vielen Gesprächen wird gerade jemandem Mut gemacht? Wie viele Menschen finden in diesem Moment Trost in einem Gebet? ...

- Siehst du, wie schön deine Stadt ist, wie viel Herz darin wohnt, wie viel Heilsames darin geschieht?
- Stell dir vor, dass all diese Menschen, die gerade glücklich sind, berührt, dankbar, liebevoll, meditativ, dass sie alle wie Lichter sind, die die Dunkelheit erhellen. Mit jedem, der sein Herz öffnet, geht ein weiteres Lichtlein an – und es werden immer mehr. Die Stadt beginnt zu strahlen und zu leuchten.
- Spüre, wie auch du zu einem solchen Licht wirst, das die Welt ein wenig heller macht. Jedes dieser Lichter ist wertvoll für das Ganze, und selbst wenn sie nichts voneinander wissen, lassen sie nach und nach die ganze Stadt und die Erde erstrahlen.

Wir wünschen dir mit diesem Buch wundervolle Stunden der Inspiration, Freude am Umsetzen der praktischen Anregungen und vor allem, dass du aus vollstem Herzen deine Liebe zum Leben spürst.

Das Leben
lieben – in all
seiner Vielfalt

E s gibt lebenserhaltende, heilsame, kraftvolle Qualitäten, die den Menschen seit jeher zugänglich waren. In vielen Facetten wurde das Wissen darum über die Jahrtausende von Einzelnen und kleinen oder größeren Gruppen gelebt, geachtet, verfeinert und an die Nachfolgenden weitergegeben. Dies geschah zum Wohle der Gemeinschaft und stets mit einem Blick auf das Schicksal des großen Ganzen.

Diese Qualitäten ziehen uns bis heute magisch an. Sie bringen etwas in uns zum Leuchten, wenn wir sie nicht nur rational zur Kenntnis nehmen, sondern wirklich erspüren: innerer Frieden, Lebendigkeit, Ausgeglichenheit, Verbundenheit mit den Menschen in unserem Umfeld, mit den Tieren und Pflanzen, mit der Natur, mit der gesamten Schöpfung. Dazu ein tiefes Wissen darüber, dass dieses Leben genauso stimmig ist, wie es ist. Wir spüren aus all dem eine gesunde Tatkraft und eine dankbare, sprudelnde Freude erwachsen, mit denen wir unseren Alltag im Einklang mit allem Leben um uns herum meistern.

Das Leben kann tatsächlich erfüllt von diesen Qualitäten sein, bis heute. Sie sind alle auch in unserer Welt vorhanden. Zeitlos bestehen sie, um von uns erfahren und stetig neu belebt zu werden. Zeitlos sind sie da, um die Einzelnen im Sinne des Ganzen empfinden und handeln zu lassen. Der Bewusstseinszustand, aus dem heraus sie erlebt werden können, ist jederzeit erreichbar. Von jedem von uns. In ihm zu leben, macht uns nicht zuletzt die Gleich-Gültigkeit aller Dinge und Wesen bewusst. Dann ist es nicht nur gleich, welcher Religion, politischen Ausrichtung, Hautfarbe oder Bildungsschicht wir angehören. Es ist auch gleich, ob sie zwei, vier oder acht Beine haben, Fell, Haut oder Flügel, ob wir Fisch sind oder Fels. Wir sind Wesen in einem großen Ganzen voller belebter Stille, voller Wunder und Staunen.

Vom Rand in die Mitte

Warum aber empfinden wir es heute meist nicht so? Was hat uns so eng gemacht in unseren Herzen, in unseren Köpfen, dass wir fast nur noch uns selbst sehen und so handeln, als wäre uns selbst das Schicksal unserer eigenen Kinder und Enkel egal? Und vor allem: Wie kommen wir wieder heraus

aus dieser Enge, da sie uns nun allmählich klar vor Augen steht? Es gibt uralte Lehren, die unsere gewohnten Wahrnehmungsformen öffnen, damit wir andere Perspektiven einnehmen können und die Qualitäten der Liebe zum Leben wirklich spürbar und wirksam werden. Mystiker des Christentums, Sufis, Mönche und Nonnen des Buddhismus und nicht zuletzt Schamanen lebten und lehrten solche Weisheiten über Jahrhunderte und entwickelten unterschiedliche wirksame Methoden der ganzheitlichen Heilung und Wahrnehmung. Sie waren stets etwas abseits des üblichen Alltagslebens und doch ungemein wichtig für die Belange der Gemeinschaften. Nehmen wir die traditionellen Schamanen: Sie nahmen über Jahrtausende weltweit die Aufgabe wahr, am geistigen Netz für die Realität zu weben. Sie brachten ihre Fähigkeit, die Dinge aus dem Geistigen heraus zu wandeln und zu verändern, in die Gemeinschaften ein. Sie konnten (und können) durch ihre Kontakte und ihre Bewusstseinsreisen in die »andere Welt« Dimensionen wahrnehmen, die anderen verborgen bleiben, und auf den vielfältigsten Ebenen heilsam eingreifen. So bewirkten sie immer auch etwas auf der alltäglichen Ebene.

Heute scheint ihr Einfluss auf der Erde sehr viel schwächer geworden zu sein. Dafür aber geschieht etwas anderes, nie Dagewesenes: Millionen von Menschen sind heute in der Lage, sich Wissen und Weisheit hunderter Kulturen und dutzender Epochen anzueignen. Weltweit kann fast jeder Weisheitsbücher aus allen anderen Teilen der Welt lesen, entsprechende Dokumentationen sehen oder in ferne Länder reisen, um sich vor Ort mit spirituellen Traditionen vertraut zu machen. Eine immer größere Zahl an Menschen kann auf unzählige heilsame Erfahrungen anderer Menschen zurückgreifen und auf dieser Basis versuchen, für sich selbst zur Essenz dessen vorzudringen, was Heilung und Spiritualität wirklich ausmacht.

Die heilsamen Qualitäten des Seins, das Sein selbst und das Bewusstsein, mit dem es erfasst werden kann – sie sind unverändert vorhanden. Sie waren es immer und sie bleiben es. Haben sich früher nur wenige um diese Ebenen bemüht, sind es heute Unzählige. Es scheint auch enorm wichtig zu sein, dass immer mehr Menschen es tun. Denn die Welt dreht sich immer schneller und wir sind gezwungen, mithilfe höherer Werte und Weisheiten in uns selbst einen Ruhepol zu finden und aus diesem heraus das Tempo unseres Lebens wieder zu drosseln, wenn wir nicht »durchdrehen« und die Menschheit vernichten wollen.

Wir können das Althergebrachte in seiner großen, positiven Kraft nutzen und dabei zugleich zu etwas Neuem werden lassen, denn unsere Zeit ist vollkommen anders als die unserer Vorfahren. Die grundlegenden Gesetze des Lebens gelten nach wie vor, auch wenn der Großteil der Menschen sie vergessen zu haben scheint und Idealen und Führern folgt, die meist auch nur sehr wenig damit verbunden sind.

Um auf der Basis der alten Traditionen etwas Neues, Kraftvolles, Heilsames und Transformierendes in die Welt zu bringen, in die eigene ebenso wie in die große ganze, braucht es ein verändertes Bewusstsein. Dies ist keine neue Erfindung, auf die wir warten müssten, es muss nicht hergestellt oder erst noch erfunden werden – es ist bereits da. Und wir alle haben einen Zugriff darauf oder sogar auch schon einen Geschmack davon.

Wir möchten dich mit diesem Buch zu einer schrittweisen Öffnung für das »alte Neue« führen und dir zu all dem, was du längst bewusst oder unterschwellig in dir trägst, eine erweiterte Weltsicht anbieten. Eine Weltsicht, zu der das Verständnis der All-Beseeltheit und der All-Verbundenheit gehört. In der jeder jedem mit Achtung und Respekt begegnet. Mit einem weiten Geist, einem offenen Herzen können wir lauschen, erkennen, verstehen und auch verändern. Alles ist in uns angelegt.

Sogar einen inneren Richtungsweiser haben wir: unsere tiefste Sehnsucht. Unsere Sehnsucht nach Heilung für Körper und Geist, nach einem Ausgleich von Ruhe und Aktion, nach Ganzheit und Inspiration, nach innerem Frieden, der auch äußere Stürme überdauert, nach echter Begegnung mit anderen Menschen, mit anderen Wesen und mit Mutter Erde. Dieser Sehnsucht können wir vertrauen, sie kann uns führen.

Das große Sehnen

Es ist die »grüne Kraft«, die ein Küken wissen lässt, dass der Zeitpunkt gekommen ist, von innen die Eierschale aufzupicken und das Leben draußen zu beginnen. Es ist die grüne Kraft, durch die der Samen zu keimen anfängt und der Schmetterling aus dem Kokon schlüpft. Sie ist es auch, durch die Mutter und noch ungeborenes Kind »wissen«, dass es Zeit für die Wehen ist. Genau jene grüne Kraft ist es auch, die uns sagt, was uns guttut.

Eine solche innere Zugkraft wirkt dabei nicht nur in Bezug auf unsere körperlichen, irdischen Belange, sondern auch auf geistiger und spiritueller Ebene. Da ist eine Kraft, die weiß, wie sich ein gelungenes, gesundes, erfülltes Leben zeigt – und die genau spürt, wenn wir als Einzelne, als Familie oder als Gesellschaft davon abweichen. Es ist die Kraft unseres Herzens, die Weisheit unserer Seele, die innere Stimme oder wie auch immer man sie bezeichnen mag.

Vor allem als Sehnsucht nach der Natur zeigt sich der Ruf dieser Lebenskraft heute in sehr vielen Menschen. Fast jeder spürt sie dann und wann, fast jeder lebt im Grünen auf und kann sich dort am besten regenerieren – weil die Natur in ihm das wieder wachruft und belebt, was auch in ihm das Natürliche, das Lebensspendende und -erhaltende ist. Die Natur »da draußen« erinnert uns an unsere innere Natur. Es geht etwas in Resonanz – und je weniger natürlich unser Alltagsleben ist, umso stärker wird die Sehnsucht nach dem, was da in uns schlummert und leben will.

Diese Sehnsucht nach Natur zeigt aus unserer Erfahrung immer auch die Sehnsucht nach der eigenen Mitte an, nach Harmonie und Ausgeglichenheit, danach, angekommen und zu Hause zu sein. Wenn auch du diese große Sehnsucht kennst, kannst du in diesem Buch eine Vielzahl an Möglichkeiten kennenlernen, die Verbundenheit mit dem Natürlichen neu zu erleben – und zwar auf eine ganzheitliche, alle Sinne umfassende Weise. Wer das Leben selbst lieben lernen will, der verändert vor allem sein Bewusstsein, öffnet sein Herz, weitet seinen Blick, nimmt nichts für selbstverständlich und entdeckt so alles neu: in seiner ursprünglichen, natürlichen Kraft und seiner einzigartigen Besonderheit.

Das Go der Wissenschaft

Noch immer haben viele Menschen Sorge, das Feld des rein Rationalen und Erklärbaren zu verlassen und sich dem zu öffnen, was Herz und Seele flüstern. Fakt aber ist: Es gab deutlich mehr Phasen in der Menschheitsgeschichte, in denen man die Welt ganzheitlich betrachtete, das Wirken von höheren Kräften einbezog und die Beseeltheit alles Seienden anerkannte. Man suchte Kontakt mit allem, was da lebte, lauschte den Dingen und der Natur, suchte Rat und bot Fürsorge an. Was wir heute als Gesellschaft, die auf Rationalität und Wachstum an Gütern und Fakten beruht, tun, ist die Ausnahme – und sie fühlt sich für viele nicht mehr stimmig an.

Selbst die Wissenschaft weiß das mittlerweile und fordert ein Umdenken. Bezogen auf die Forschung beschrieb Prof. Hans-Peter Dürr, 2014 verstorbener Physiker und Träger des Alternativen Nobelpreises, das Dilemma, dass wir heute merken, mit unserem Denken in eine Sackgasse geraten zu sein: Wir wollen nicht umkehren, können aber auch nicht weiter nach vorn gehen. Seine Antwort: Wir müssen über den Zaun springen.[1] Wir müssen die alten Wege des Denkens und Handelns verlassen und den Mut aufbringen, ganz neu anzufangen. Als einer der bedeutendsten Querdenker unserer Zeit hatte Dürr bei dieser Aussage nicht nur die Wissenschaft, sondern unser Denken und Sein allgemein im Sinn, das sich trauen sollte, Ungewöhnliches zu wagen und die allzu engen Grenzen des Üblichen zu sprengen.

Heute öffnet man sich nicht nur in therapeutischen und spirituellen Kreisen, sondern auch in der fortschrittlichen Wissenschaft zunehmend für die Ebenen außerhalb des rein rationalen Denkens, mit dem unsere Welt und wir selbst einfach nicht zu fassen sind. Das Leben ist zu komplex, um es rein rational zu begreifen. Wenn wir aber intuitiv herangehen, mehr Ebenen des Wahrnehmens und Begreifens mit einbeziehen, dann nutzen wir Werkzeuge, die ebenso komplex sind wie die Wirklichkeit. Damit können wir uns ihr tatsächlich nähern. Ob unser Verstand das glaubt oder nicht: Nicht alle Ebenen sind ihm zugänglich. Deswegen brauchen wir die Erfahrung, dass sie wirken. Wir müssen es selbst erleben, um es »glauben« und fortan bewusst mit einbeziehen zu können. Der Physik-Nobelpreisträger Prof. Gerd Binnig spricht sogar davon, dass wir eine »Intuition der Gesellschaft« brauchen, um unsere aktuell anstehenden Probleme zu lösen.[2] Und vielleicht wird es der Mehrzahl der Menschen irgendwann nicht mehr seltsam vorkommen, dass jemand auf sein Innerstes lauscht, mit einem Baum spricht oder zur Orientierung im Leben orakelt, sondern wir werden kopfschüttelnd staunen, wie wir so lange auskommen konnten, ohne diese Dinge zu tun.

Resilienz als Antwort auf die Burnout-Gesellschaft

Zu den aktuellen Problemen gehört es unumstritten auch, dass immer mehr ihrer Mitglieder mit dem extremen Tempo der Leistungsgesellschaft nicht mehr mithalten, dass sie ausbrennen und auf der Strecke bleiben. Erschreckend vielen Menschen kommt der Sinn des Lebens, der Sinn ihres Daseins, der Sinn des Ganzen abhanden. Das mag sich nach einigen Einzelschicksalen anhören, hat aber längst gesellschaftliche, soziale und wirtschaftliche Konsequenzen eines ungeheuren Ausmaßes erreicht. Es muss etwas geschehen, das diesen Trend stoppt und umkehrt.

Das Stichwort Resilienz birgt für viele Menschen die Antwort auf diese drängenden Schwierigkeiten. Der Begriff beschreibt die Widerstandsfähigkeit des Einzelnen, seine gesundheitliche und psychosoziale Kraft, mit den Herausforderungen des Lebens erfolgreich umzugehen. Sie in den Menschen zu stärken, muss daher eine wesentliche Rolle in der Zukunft spielen. Dabei darf es aber keinesfalls nur darum gehen, den Einzelnen wieder tauglich für die »verrückte« Welt zu machen. Vielerorts wächst daher auch das Bestreben, dass neben Individuen auch größere Einheiten wie Unternehmen Resilienz entwickeln. Diese gesunde Widerstandsfähigkeit ist letztlich ein Erfordernis globalen Ausmaßes. Die ganze Menschheit muss neue Wege finden, um zu gesunden und sinnerfüllt weiter existieren zu können. Wir sind aufgerufen, eine Balance zu finden zwischen Können und Müssen. Es geht um nicht weniger als um Nachhaltigkeit für das eigene Leben und das Globale.

Neue Wege

Neue Wege, wie sie heute notwendig sind, sind vor allem deshalb ganz anders als die herkömmlichen, weil sie mehrdimensional, global und ganzheitlich orientiert sind. Ihre Initiatoren sind sprichwörtlich über den von Dürr genannten Zaun gesprungen. Auch dieses Buch ist jenseits dieses Zaunes angesiedelt. Seine Angebote sind dabei weniger politisch oder technologisch orientiert, sondern setzen am Bewusstsein an. Dort, wo sich nach den Lehren der großen Meister aller Zeiten, von Buddha bis Jack Kornfield, von Jesus bis Willigis Jäger, von Laotse bis Eckhart Tolle die wahren Veränderungen vollziehen, der wirkliche tief greifende Wandel.

Leben ist Bewegung, ein unendlich während Prozess der Wandlung und Transformation, der unendlich viele, aber niemals stabile Zustände kennt. So müssen wir nicht immer Ja oder Nein, A oder B sagen, auch wenn uns das Verstandesdenken genau dazu dringlich rät. Die Welt aber ist nicht schwarz oder weiß, sie schillert in allen Farben des Regenbogens. Wenn es uns gelingt, diese Weite zuzulassen und in die unendliche Vielgestaltigkeit des Möglichen einzutauchen, wird unser Leben uns immer neu wahre Wunder bereithalten. Türen in zuvor noch nicht gedachte Räume werden sich auftun, wir erschließen unbekannte Welten, die uns reicher und erfüllter machen.

Nehmen wir die Sehnsucht unserer Seelen also ernst, die Sehnsucht nach Liebe zum Leben, nach Harmonie und Frieden, nach ausgelassener Freude und einem Sein aus der eigenen Mitte heraus. Lassen wir uns von dieser im Rhythmus unserer Herzen pochenden Sehnsucht in die Tiefe führen, wo uns unsere Intuition Geheimnisse preisgibt und uns völlig neue Wege zeigt.

Öffnen wir uns für Überraschungen. Legen wir unsere Ideen einmal beiseite und schauen wir, ob nicht etwas ganz anderes, noch viel Stimmigeres auf uns wartet. Und lassen wir uns auf diesem Weg unterstützen. Das Erbe unserer Ahnen, von denen sich unzählige in allen Teilen der Welt seit Jahrtausenden der Heilung und dem inneren Wachstum widmeten, steht uns heute zur Verfügung. Nicht alles ist mehr rekonstruierbar, doch die Essenz an Heilkräftigem hat weitergelebt und kann uns heute helfen. Aus ihr schöpft auch das, was wir dir hier vorstellen wollen als einen von zahlreichen heutigen Wegen zur Mitte, in der du – wie wir alle – heil bist.

Wir Menschen sind heute sehr in Techniken gefangen. Wir glauben oft, dass wir nur eine noch bessere Methode kennenlernen müssten und dann würden sich all unsere Schwierigkeiten lösen, Symptome würden verschwinden und Wünsche in Erfüllung gehen. Sicher wirken therapeutische und meditative Techniken, keine Frage, sie wirken oft wundervoll. Nicht umsonst werden wir hier in diesem Buch ebenfalls viele praktische Ideen vermitteln. Das Wesentliche aber ist die Ausrichtung, mit der diese Dinge praktiziert werden, der Bewusstseinszustand, die innere Offenheit für das Wirken »höherer«, geistiger Ebenen, die Öffnung für das Wunderbare, das tatsächlich geschieht.

Immer neu der Anfang von allem: Natur

Über die Sehnsucht nach der Natur hatten wir schon gesprochen. Sie hat viele Facetten. Oft, wenn Menschen sich neue Energie wünschen oder Orientierung suchen, gehen sie in die Natur. Sie ist uns in jeder Situation eine neutrale Beraterin mit heilsamen Kräften. Sie kann uns kraftvolle Wurzeln spüren lassen. In ihr dürfen wir einfach sein, gleich wie wir angezogen sind, was wir wissen oder verdienen oder wie wir gerade gelaunt sind. Genau nach dieser Konstante, wertfrei und offen, nährend und still, sehnen wir uns heute mehr denn je.

Auch wir, die wir diese Zeilen schreiben, kennen diese Sehnsucht nach Natur sehr gut. Ich (Franziska) habe die ersten dreißig Jahre meines Lebens in Großstädten gelebt, bis ich dann in einer schwierigen Lebensphase aufs Land und in

Seenähe gezogen bin. Irgendwie hatte ich gespürt, dass mich die Kraft der Natur wieder ins Lot bringen und mir meine drängenden Fragen beantworten kann. Und sie tat es. Der See, einige Bäume, die absolute Stille manchmal nachts – sie wurden zu meinen Heilern. Doch auch als ich mich nach einer Zeit wieder gut – und besser als je zuvor – fühlte, bemerkte ich irgendwann so ein ungeheures Sehnen nach der Natur, obwohl ich doch schon auf dem Land lebte. Aber dennoch war ich ja überwiegend in Räumen, im Auto, am Schreibtisch – und vor allem: in Gedankenwelten. Ich wollte stärker mit dem verbunden sein, was ich als das ureigentliche Leben empfand. Bäume, Wälder, Vögel, Landschaften, Gewässer – alles da draußen schien eine andere, eine wundervolle, in sich stimmige Welt zu sein, die ich nicht mit meiner Alltagswirklichkeit verbunden bekam.

Heute ist das zum Glück anders. Heute würde ich sagen, ich habe so viel Natur in mir selbst wachgerufen und so viele Eindrücke aus der Natur in mir integriert und abrufbar, dass das Sehnen weitgehend verschwunden ist. Wird es dennoch wieder in einer quälenden Intensität spürbar, zeigt es mir manchmal, dass ich mich von dem »da draußen« wieder zu weit entfernt habe, oft vor allem aber dass ich mich von mir selbst entfernt habe. Vielleicht war ich zu schnell und atemlos unterwegs in den Belangen des Alltags, vielleicht machte ich mir schon wieder zu viele Sorgen, die meinen Blick – und mein Herz – total einengten. Auf jeden Fall kann ich in solchen Momenten nun etwas tun, um mich selbst wieder besser zu spüren und mich wieder mit mir und meiner inneren Kraft zu verbinden. Es gibt dafür unendlich viele Möglichkeiten, ob ich sie in der Natur draußen nutze, in der

Wohnung, schnell im parkenden Auto in der Stadt – aber immer in mir selbst, denn auch hier geht es um einen Wandel im Bewusstsein, und der ist an keinen äußeren Raum gebunden. Es ist ein Umschalten, das ein Kernthema dieses Buches darstellt.

Ist dieser Shift vollzogen, steht es uns frei, in der Natur oder in der Stadt Kraft zu tanken. Denn wir sind mit den Urkräften verbunden. Das wird mir (Vera) als überzeugter Großstädterin in meinem Leben und bei meiner Arbeit immer stärker deutlich. Ich bin sehr gern draußen, vor allem am Wasser, und weiß um die enormen Kräfte der freien Natur. Aber ich habe die Erfahrung gemacht, dass sich selbst schamanische Rituale und sogar eine Visionssuche auch mitten in der Stadt erfolgreich durchführen lassen. In uns wohnt einfach beides – das Natürliche ebenso wie die schöpferische Kraft, die uns all das Kulturelle gestalten lässt.

Verbinden kann es sich für mich am besten in der Stille. Einfach in der Stille zu sitzen, wie im Zen, das ist für mich über die Jahre zu einer der wichtigsten täglichen Praktiken geworden. Dort verbinden sich innere und äußere Natur. Beide, so könnte ich sagen, kehren zur Quelle zurück, die ich in der Kontemplation spüre. In der Stille fühle ich mich verbunden, ich weiß, dass ich ein Teil von allem bin.

Wenn ich mich allerdings nach intensivem Arbeiten oder bei besonderen Herausforderungen im Leben geschafft und erschöpft fühle, dann weiß ich, dass ich hinaus muss. An einem See entlanglaufen, meine Schritte spüren, die Erde unter meinen Füßen, oder einfach nur aufs Wasser schauen – das füllt meine Batterien zuverlässig wieder auf. Wenn weniger Zeit ist, gehe ich an den Eisbach im Englischen

Garten in München, um mich mit dem Element Wasser zu verbinden. Auch das tut einfach gut.

Zu wissen, was einem hilft, ist wesentlich. Die teilweise recht unterschiedliche Art von uns beiden Autorinnen, die Natur ebenso wie die Stadt zu erleben, hat dazu geführt, dass wir dir hier eine große Fülle an Erfahrungen und Ideen weitergeben können. Wir wünschen uns, dass du dich davon inspirieren lässt, deine Wahrnehmung der Welt, dich selbst und damit dann wieder die Welt so zu verändern, wie es dir und uns allen guttut.

Die Natur
als Kraftquelle

Die Natur draußen in ihrer vollen Schönheit zu erleben und dabei zu sich zu kommen, das ist für die meisten von uns leicht. Doch ist es auch möglich, sie in unserer urbanen Welt zu spüren und in unserem Alltag zu integrieren? Ist es möglich, ihre Kraft mitten in der Stadt zu erfahren? Ja, das ist möglich. Wir können das leben.

Vielleicht erinnerst du dich an einen besonders gelungenen Tag draußen. Einen Tag, an dem du abends erfüllt und glücklich, vielleicht müde, aber sehr dankbar nach Hause zurückkehrtest. Was war es, das dich damals bereichert, entspannt oder inspiriert hat? Was genau hat diesen Ausflug zu etwas so Besonderem gemacht, zu etwas, von dem du gern mehr hättest? Lass uns ein wenig darüber nachdenken, um uns bewusst zu machen, was die Qualitäten sind, mit denen wir uns wohlfühlen, die wir möglicherweise im Alltag vermissen oder die dem eigenen Wesen ganz einfach entsprechen. Für die eine mag es die Ruhe draußen in einer einsamen Landschaft sein, für den anderen die unbegrenzte Weite, in die er seine Schritte setzen kann. Voller Schwung. Uneingeschränkt. Für wieder jemand anderen ist es die Lebendigkeit all der Pflanzen und Vögel, der Insekten und Wildtiere.

In einem engen, fühlbaren Kontakt mit der Natur, nicht zuletzt auch der eigenen, zu sein, das geht unbestritten leichter, wenn man über eine blühende Wiese läuft, einen Berg besteigt oder sich am Meer den Wind um die Nase pusten lässt. In Häuserschluchten oder auf dem Hauptbahnhof einer Großstadt ist es ungleich schwieriger. Doch auch dort ist es möglich.

Beginnen wir zunächst dort, wo alles relativ einfach ist. Die meisten Ideen in den folgenden Abschnitten sind immer dann die beste Wahl, wenn du sowieso einen Ausflug ins Grüne machen willst. Diese Anregungen können die Zeit dort umso intensiver werden lassen. Du kannst beginnen, bewusst die ersten inneren Schätze mit ins Urbane zu tragen, um sie dort zu vermehren. Vor allem in deinem Herzen, von dem aus sich deine Welt verwandeln wird.

Was genau macht Natur so kraftvoll?

Natur – das ist so allumfassend und hat so vielfältige Gesichter! Es ist so verspielt wie ein junges Kätzchen und so kraftgeladen wie ein Wasserfall, so stürmisch wie ein grau-kalter Novembertag und so bunt wie ein Schwarm Südseefische.

Für die meisten Menschen ist Natur der Raum, in dem sie runterkommen, auftanken, sich erholen, Kraft und Inspiration schöpfen. Doch warum? Wenn sie benennen müssten, was die Natur ihnen gibt, sagen sicher alle etwas anderes. Jeder beschreibt es anders und versucht auf seine Weise auszudrücken, was letztlich ein geheimer Zauber bleibt. Unbegreiflich. Nicht in Worte zu bannen. Vielleicht die Stille. Oder die Weite. Die Unberührtheit. Die Echtheit und Klarheit. Die Ursprünglichkeit. Möglicherweise auch die Beständigkeit. Die Natur gibt immer, oder neutraler ausgedrückt: Sie folgt immer ihren Gesetzen. Selbst in Krisen- und sogar Kriegszeiten blühen die Bäume und summen die Insekten, geht morgens die Sonne auf und wird die Welt in ihr wunderbares Licht getaucht. Die Erde trägt uns, was auch immer passiert. Aber sie bietet uns keine echte Sicherheit. Jedes Hochwasser, jedes Erdbeben, jeder extreme Hagel ruft uns das schmerzlich in Erinnerung. Und doch, wenn wir hinausgehen, können wir dieses eigenartige Erinnern wachrufen: Ja, so ist die Natur, ich atme auf, ich werde weit, ich fühle mich gut. Ruhig und entspannt. Bei mir angekommen.

Wenn man sich umhört, ist es das Durchatmen, das die meisten empfinden, wenn sie die Stadt verlassen und hinausfahren. Mehr Himmel, mehr Weite. Die Horizonte dehnen sich aus, das Herz wird spürbar, das Denken weniger. Dies sind einige Antworten, die wir von Bekannten gehört haben, als wir sie fragten, was sie an Ausflügen in die Natur schätzen. Vielleicht kennst du noch andere.

- »Draußen in der Natur atme ich auf.«
- »Es richtet mich regelrecht auf.«
- »Ich fühle mich innerlich weit.«

- »Es ist herrlich, den ganzen Körper zu bewegen und zu spüren. Oft tobe ich mich richtig aus und schaffe mir den Alltag vom Leib.«
- »Ich kann mich mit Bäumen oder auch Bergen, manchmal sogar Tieren auf eine ganz besondere Weise austauschen.«
- »In der Natur fühle ich mich einfach wohl und spüre inneren Frieden.«
- »Mir ist wichtig, dass ich in der Natur ein Gefühl für Heiligkeit entwickeln kann.«
- »Ich kann innehalten, Stille erleben.«
- »Für mich ist es das Schönste, gestärkt wieder wegzugehen.«
- »Es ist, als könnte ich in ein Kraftfeld für Inspiration und Heilung eintreten.«
- »Wenn es mir nicht so gut geht, kann ich in der Natur Zuflucht finden.«

Wirkungsvolle Felder

Für viele liegt unter diesen benennbaren Qualitäten noch etwas anderes, etwas nicht Sagbares, allenfalls Erahnbares. Wir könnten es als das Atmosphärische der Natur bezeichnen – und versuchen, uns tiefer darauf einzulassen. Schließlich ist es das, was die Natur so besonders zu machen scheint. Letztlich braucht es nicht mehr als einen Perspektivenwechsel, einen Shift, eine Art Umschalten, um sich die Atmosphäre eines Ortes bewusst zu machen. Spüren tust du sie nämlich ohnehin, nur lenkst du vielleicht nicht den Fokus darauf. Das ist kaum anders, als wenn du bei einer Freundin zu Besuch bist. Du bemerkst unwillkürlich die Atmosphäre, die Stimmung im Raum. Auch wenn du dich ganz auf das Gespräch konzentrierst, könntest du nachher sagen, wie das Zuhause der Gastgeberin auf dich gewirkt hat: Hast du dich wohlgefühlt? War es wohnlich, gemütlich, kühl, nüchtern, entspannt? Hattest du den Eindruck, dass kurz zuvor gestritten wurde? Lag Hektik in der Luft? Oder fröhliche Leichtigkeit?

So wie du beim nächsten Besuch noch während deines Dortseins die Atmosphäre bewusst erfassen kannst, ist dies auch in der Natur möglich. Überall und jederzeit, ob am Meer oder auf einem Berg, im Wald oder auf einer satten Wiese, mittags, nachts, im Sommer oder im Winter kannst du das zu erspüren üben, was Rupert Sheldrake morphische Felder nannte. Nicht sichtbare Energien, die den Hintergrund von allem Sichtbaren ausmachen. Sie sind es nach seiner viel diskutierten These, die die Ordnung aller natürlichen Systeme formen. Diese Felder tragen also wesentlich zur Herausbildung aller für uns sicht- und greifbaren Strukturen bei, zur Ausprägung von Zellen und Organismen, Pflanzen und Tieren, Biotopen und Landschaften.

Das Atmosphärische liegt unter dem, was sich benennen, messen, anfassen lässt. Es ist im Sinne der morphischen Felder die Basis – und für uns besonders interessant, da es Informationen enthält, die auf die äußere Form einwirken. Sie bewirken, dass sich Tierarten auf eine bestimmte Weise verhalten, dass sich Biotope auf eine bestimmte Art konstruieren und beispielsweise auch, dass bei einem großen Tsunami wie dem in Südostasien im Dezember 2004 kaum freilebende Tiere getötet werden. Sie sind in der Lage – so könnte man sagen –, dem Informationsfeld rechtzeitig zu entnehmen, dass eine Gefahr droht. So können sie entsprechend fliehen.

Dass es auch dem Menschen möglich ist, in diesem Feld zu lesen und ihm hilfreiche Botschaften zu entnehmen, wissen seit alters her die Schamanen, die Rishis (Seher) in Indien und viele andere Weise, die natürlich ein anderes Vokabular dafür verwendet haben. Sie hatten immer empfangsbereite Antennen und waren in ständigem Kontakt mit der Natur. Wir können uns das ebenfalls wieder zu eigen machen und beginnen ganz bescheiden mit einer ersten Spürübung.

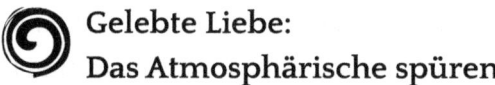 **Gelebte Liebe:
Das Atmosphärische spüren**

Wenn du draußen in der Natur unterwegs bist, bleib doch ab und an stehen und halte inne. Wie ist die Atmosphäre, die du um dich herum wahrnimmst? Wie fühlt sich die Gegend an? Und wie fühlst du dich darin? Was macht dieser Ort, diese Landschaft mit dir?

Äußere und innere Natur

Natur ist letztlich die Abwesenheit von Kultur, also von all dem, was der Mensch geschaffen hat. Besonders deutlich ist mir (Franziska) das während der Erarbeitung dieses Buches wieder geworden, als ich für eine gute Woche auf einem Fernwanderweg unterwegs war, dem Maximilianweg in den bayerischen und teilweise österreichischen Alpen. In den Bergen und Wäldern erlebte ich Stille, Frieden, Ruhe und einen starken Zugang zu etwas, das ich nur als »höher als mein Alltags-Ich« bezeichnen kann. Ich war wach und aufmerksam, überall entdeckte ich Unerwartetes, bekam Botschaften von alten Bäumen, spürte die Reinheit und Unverfälschtheit des Seins. Nicht nur in der Natur um mich her, sondern auch in mir. Die äußere Natur erinnerte mich an meine innere Natur, sie rief sie wach, fernab vom Denken oder davon, dass ich mich irgendwie hätte definieren müssen. Alles war ganz einfach, ich war ganz einfach. Schritte setzen, atmen, schauen, lauschen. Das waren wundervolle Momente – und ich beschloss, dieses Empfinden möglichst tief in mich aufzunehmen und regelrecht zu üben. Dann würde ich es auch in weniger »naturbelassenen« Gegenden oder Situationen abrufen können. Denn eins war schnell klar: Sobald ein Hochspannungsmast auftauchte oder ich in ein Waldstück kam, in dem breite Fahrzeugspuren die Wege zerfurchten, umgesägte Baumstämme kreuz und quer durcheinanderlagen und schweres Gerät herumstand, war der Frieden in mir gleich eingeschränkt. Die Gegend war beschädigt worden – ich spürte die Beeinträchtigung und ließ mich davon belasten.

In solchen Momenten gilt es aus unserer Erfahrung heraus zu unterscheiden: Mal ist tatsächlich die Gegend schwer und belastet, was die Atmosphäre unangenehm verändert. In anderen Fällen aber ist es die eigene Gefühlswelt, die sich durch den Anblick meldet und etwas in die Situation hineininterpretiert, was nur im Betrachter selbst vorhanden ist. So wie ein blinder oder dreibeiniger Hund meist weinerlich bemitleidet wird – wenn man aber wirklich hinschaut, wie er seinen Alltag meistert, kann man oft bemerken, dass er sich der Situation mutig gestellt hat, sich perfekt arrangieren konnte und das Leben nun auf eine neue Weise genießt. Er nimmt es, wie es ist.

Äußere und innere Natur gehören immer zusammen. Denn eine objektive Wahrnehmung gibt es nicht, darin dürften sich auch Psychologen und Hirnforscher einig sein. Unser Umfeld ist so komplex, dass wir gezwungen sind, auszuwählen: Wir wählen, was wir wahrnehmen, wir wählen, wie wir es interpretieren, und wir wählen, wie wir handeln und ob wir eingreifen. Das geschieht meist unbewusst und auf der Grundlage all dessen, was uns ausmacht, was wir gelernt und bisher an Erfahrungen gesammelt haben.

Wenn man das weiß, kann man die Natur überall nutzen, um sich über das eigene Innere klarer zu werden. Auf diese Weise bieten uns die Begegnungen mit Natur unendlich viele Erfahrungen zum Wachsen und Reifen. Ich (Franziska) erinnere mich dabei daran, wie ich vor einigen Jahren »toter Mann« (oder »tote Frau«?) auf dem See machte und dabei Angst hatte. Ich lag auf dem Rücken im Wasser, und vor allem, dass bei einer entspannten Lage die Ohren mit eingetaucht sein mussten, war mir unangenehm. Meine Angst war recht diffus – vor Fischen, die mich beißen könnten? Vor anderen Schwimmern, die mich anrempeln könnten? Vor bisher unentdeckten Ungeheuern in diesem beliebten bayerischen Badesee? Ich selbst fand meine Angst unsinnig und beschloss, den herrlichen Sommer zu nutzen, um so lange zu üben, bis sie verschwunden war. Da ich rational wusste, dass mir nicht wirklich etwas passieren konnte, tauchte ich in diese Angst ein, versuchte sie einfach zu fühlen und sie zu erforschen. Ich merkte, dass es eine allgemeine Angst vor dem Loslassen, der Entspannung, dem Abgeben und Sich-Hingeben war. Wer völlig flach und entspannt im Wasser liegt, nur den Himmel sieht und nicht einmal richtig hört, der liefert sich seiner Umgebung aus.

Und genau das war mir so unangenehm. Wem aber lieferte ich mich hier aus? Zunächst einmal dem See. Den aber mochte ich sehr gern – also versuchte ich, mich ihm bewusst zu übergeben, mit ihm in Kommunikation zu treten. Es funktionierte. Ich fühlte mich nach einigen Tagen aufgehoben und »in den Armen« des Sees gehalten. Das war wundervoll. Mein Vertrauen wuchs – und ich finde, das tat es danach auch in anderen Lebensbereichen. Sicherlich kein Wunder, denn Wasser steht für die Gefühlswelt, es fließt und bewegt sich immer mit dem Umfeld mit.

Ähnliche Beispiele für die fruchtbare Wechselwirkung zwischen Innenleben und äußerer Natur erleben viele Menschen. Als es mir (Vera) einmal in einer Lebensphase nicht so gut ging, ich mich verletzt und überfordert fühlte, ging ich eines Morgens hinaus und entdeckte, dass der schwere Frühjahrssturm der letzten Nacht die Spitze eines Baumes abgebrochen hatte. Der Baum stand an Ort und Stelle, war aber schwer verletzt. Mir wurde schlagartig klar: Ich muss im Leben auch etwas aushalten können, ich muss Stürmen standhalten, meine Wunden versorgen und weitergehen. Das half mir sehr und machte mir neu deutlich: Die Natur zeigt uns, wer wir sind und wer wir sein können.

Ein anderes, sehr eindrückliches Beispiel lieferte eine Klientin: Sie hing seit einiger Zeit in einer regelrechte Starre fest, die alle Lebensbereiche umfasste. Nichts ging mehr voran, Stillstand, Lähmung. Auf einem Spaziergang dann setzte sie ihren Fuß dicht neben eine Schlange. Die Frau erschrak. Die Schlange erschrak. Dann brachte sie sich rasch in Sicherheit. Dieses Bild, wie die Schlange sich seitlich schlängelnd wegbewegte, löste die Frau aus ihrer Starre. Was sie da wie in

Zeitlupe vor sich sah, war die lange nicht verfügbare Antwort auf ihre große Frage: Wie weiter? Jetzt war ihr klar: Nicht mit großen Sprüngen. Nicht mit pfeilgerader Zielgenauigkeit. Die Lösung lag in kleinen, scheinbar unkoordinierten Bewegungen. Darin, sich überhaupt zu bewegen, sich zu winden und zu probieren, zu testen, welches die nächste Richtung sein könnte. Die Bewegung selbst war wichtig. Noch nicht das Ziel. Und tatsächlich fing sie an, wieder kleine Schritte im Leben zu machen und sich aus ihrem Eingefroren-Sein zu befreien.

Ganz allgemein kann es auch tröstlich sein, sich daran zu erinnern, dass die Natur nicht perfekt ist. Sie lässt nach ihren Gesetzen alles wachsen und blühen, reifen und vergehen. Aber sie interessiert sich nicht für Perfektion, eher für Funktionalität und Individualität. Sie ist nicht perfekt. Wie beruhigend! Denn wir sind es auch nicht.

In solchen Einsichten und Erfahrungen, denen du aus deinem Leben sicherlich viele weitere hinzufügen könntest, verbinden sich Innen und Außen. Vielleicht hast du Lust, dich bewusst etwas tiefer auf solche Reflexionen einzulassen. Möglichkeiten gibt es unzählige dazu, ob du sie in der Natur selbst erlebst oder in einer Fernsehsendung darauf gebracht wirst. Was sagt dir ein kraftvoller Baum, ein glitzernder See, eine bunte Blumenwiese über dich selbst? Was eine Fernseh-Dokumentation über den Regenwald oder über die Anbauweise der Permakultur? Die Verbindung von innerer und äußerer Welt ist nicht auf die Natur beschränkt. Wir können auf alles andere ebenfalls achten, was uns begegnet. Auch ein Werbeplakat, das uns plötzlich ins Auge sticht, kann eine Botschaft für uns enthalten und etwas mit uns zu tun haben.

Vielleicht merkst du bereits, dass es Spaß machen kann, der Welt so zu begegnen, als habe sie immer etwas ganz direkt mit einem selbst zu tun. Als wäre sie ein Spiegel des eigenen Wesens. Übt man diesen etwas veränderten Blick auf die Dinge eine Zeit lang, stellt man fest, dass sie dies tatsächlich ist: Die Welt ist ein Spiegel des eigenen Selbst. Was wir wahrnehmen, hat etwas mit uns selbst zu tun, sagt etwas über uns aus und hilft uns, uns selbst zu erkennen. Carl Gustav Jung sprach in diesem Zusammenhang von Synchronizitäten, also zeitlich zusammenhängenden Ereignissen, die zwar keinen kausalen Zusammenhang erkennen lassen, aber assoziativ eben doch miteinander verwoben sind. Einfachste Beispiele: Wenn du gut drauf bist, sind alle Menschen, denen du begegnest, fröhlich, freundlich und herzlich. Bist du mit großem Zeitdruck im Auto unterwegs und schimpfst vor dich hin, weil es nicht schnell genug geht, gibt es um dich her plötzlich nur noch »unfähige Autofahrer, die ihren Führerschein im Lotto gewonnen zu haben scheinen«, und vor dir wird geschlichen und gebummelt.

Die ganze Welt gibt uns die Möglichkeit, mehr über uns selbst zu erfahren und uns damit nicht zuletzt auch das Leben leichter zu machen. Wer sich selbst kennt, kann besser dafür sorgen, dass es ihm gut geht. Unser ganzes Wesen weiß das und sucht nach Gelegenheiten des Weiterlernens über sich selbst. Es ist unsere innere Natur, die sich auch deswegen nach der äußeren sehnt. Sie erkennt sich dort wieder wie in einem Spiegel. So ist die Natur immer auch ein Impulsgeber für all das, was in uns schlummert und zur Reife gebracht werden möchte. Die Selbsterkenntnis ist stets neu der erste Schritt auf einem Entwicklungsweg, das Bemerken dessen, was ist. Die Verwandlung folgt dann oft sogar von selbst. Dazu, wenn du magst, eine kleine Reflexion, die du dort ausführen kannst, wo immer du gerade bist und ein paar Momente Ruhe hast:

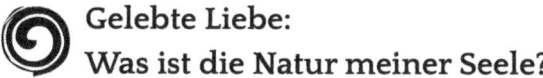

Gelebte Liebe:
Was ist die Natur meiner Seele?

- Nimm dir etwas Zeit für dich, setz dich entspannt hin und schließ die Augen. Frage dich: Was ist die Natur meines Wesens, meiner Seele? Allgemein oder speziell in diesem Augenblick?
- Lass dich überraschen, welches Landschaftsbild auftaucht. Vielleicht musst du einen Moment warten, bis etwas vor deinem inneren Auge erscheint. Was kannst du erkennen oder spüren oder auch hören? Das weite Meer oder ein Bächlein, einen breiten Fluss? Einen verwirrend dichten Urwald oder eine karge Steppe? Einen geordneten Fichtenwald oder einen einzelnen Baum auf einer Lichtung? Ist es in dieser Landschaft warm oder kühl, still oder stürmisch?
- Tauch in diese Landschaft ein und nimm mit allen Sinnen wahr, was sich zeigt. Schau dich um, rieche, spüre. Bleib in den Empfindungen dieser Welt, so lange es dir guttut, und beobachte auch, ob sich dieses Naturbild vielleicht verändert, während du dort verweilst.
- Komm jetzt mit deiner Aufmerksamkeit wieder stärker in deinen Körper und spüre nach: Wo in meinem

Körper nehme ich diese Landschaft wahr? Möglicherweise verändert sich auch dort etwas, wenn du ein wenig dabei bleibst, einfach wahrzunehmen.

- Wenn du dann mit deiner Aufmerksamkeit wieder ganz in den Raum, in dem du sitzt, zurückkommst, kannst du dich genüsslich noch etwas rekeln und strecken, bevor du wieder die Augen öffnest. Wie fühlst du dich jetzt?

Diese Übung hilft auch hervorragend beim Abschalten im Alltag. Mit ihr kann man mitten in all den Anforderungen des Lebens innerhalb weniger Minuten wieder zu sich kommen, eine neutrale Haltung, eine Art Nullstellung des inneren Hauptreglers finden, sich zentrieren, Hektik und Hype außen vor lassen. Verhaftungen lockern sich, man kann wieder ungetrübt auf die Dinge schauen. Nicht umsonst bedienen wir uns in dieser Übung der Naturbilder. Die Natur nämlich ist neutral und bringt uns damit zurück in die Neutralität. Sie entspannt unseren Körper, erfrischt unseren Geist und reinigt die Seele.

Dabei zugleich auch dieser Hinweis: Wenn du beginnst, die äußere Natur als einen Spiegel für deine innere Natur zu entdecken, geh es ohne groß zu denken an. Du musst weder analysieren noch aktiv herumsuchen. Lass die Dinge auf dich zukommen. Je offener du bist, umso leichter wirst du das entdecken, was dir gerade etwas sagen möchte.

Sogar das gänzlich unfokussierte Sein in der Natur hat seinen Reiz und seine Wirkung. Du gibst dich dem Zauber einer Landschaft, der Stille eines Waldes oder den sanften

Wogen eines Sees hin und verlierst dich regelrecht in der Weite dieser Natur. Der Fokus verschwindet, die Gedanken verschwinden, dein Selbst verschwindet. Was bleibt, ist Weite, Wahrnehmung, Bewusstheit. In diesem Zustand wirst du mit allem eins, du spürst dich in deiner Essenz ebenso wie die Umgebung um dich her.

Gänzlich ohne Fokus können wir zugleich in innerer Klarheit sein, eingetaucht in die Zeitlosigkeit. Wir öffnen uns dadurch für Inspirationen aus der geistigen Welt – oder auch aus dem eigenen Inneren. Die Intuition wird vor allem dann wach, wenn sie den Raum für ihre Botschaften erhält. Und den schaffst du, indem du dich nicht auf etwas Bestimmtes ausrichtest, sondern die Weite in dir zulässt, die dir wiederum kaum etwas besser vermitteln kann als die Weite draußen in der Natur.

Unfokussierte Absicht – so könnte man es nennen: Du formulierst, was du möchtest – beispielsweise zu erkennen, was eine bestimmte Landschaft mit dir zu tun hat. Ist diese Absicht klar, lässt du los. Der Fokus darf verschwimmen, du tauchst ab und lässt dich treiben. Aufgrund der anfangs gesetzten Intension (Erkennen, was die Landschaft mit dir zu tun hat) wirst du irgendwann bemerken, dass sich eine Antwort in dir geformt hat.

Alles an seinem Platz

Natürlich schenkt uns die Natur nicht nur die Beihilfe zu Selbsterkenntnis oder Inspiration. Auch die Tatsache, dass in ihr alles an seinem Platz ist, macht sie für uns nicht zuletzt auf der emotionalen und mentalen Ebene so wertvoll. Denn in der besten aller Welten herrscht wohl Ordnung. Außen und im eigenen Inneren. Erleben wir diesen Zustand des Ge-ordnet-Seins, fühlen wir uns in Harmonie, sind stark und klar. Es ist im weitesten Sinne die Natur, die diese Ordnung hervorbringt. Sie kann nicht anders, als ihren inneren Gesetzen zu folgen, die überall im Universum herrschen. Dieses Prinzip zieht uns wie magisch an, da unser Leben so komplex geworden ist, dass es aus der Ordnung gefallen zu sein scheint.

Sicherlich wirkt ein völlig »naturbelassener« Wald für unsere Augen chaotisch. Zwischen alten und uralten dicken Stämmen wachsen kleine und winzige Bäume empor. Andere liegen kreuz und quer auf dem Boden, im Sturm geknickt oder ab-gefault. Und schon geben sie wieder anderen Pflanzen Boden und Nahrung, die sich auf ihren mordernden Stämmen aus-breiten. Ein großes, wirres, lebendiges Durcheinander. Doch die Atmosphäre zeigt, dass alles seine Richtigkeit hat. Die darunterliegende geheime Ordnung ist spürbar. Sie sorgt auch dafür, dass auf die Nacht der Sonnenaufgang folgt und die Frucht niemals vor der Blüte kommt. Für uns ist das sehr tröstlich: Es gibt Gesetze, die bleiben, auch wenn sich Grund-legendes ändert. In unserer heutigen Gesellschaft klagen viele darüber, nur noch wenig Verlässliches zu finden. Die Natur könnte ihnen ein Halt sein.

Bei ihrer Betrachtung wird deutlich, dass die Organismen, Biotope, Landschaften, Planeten nur lebensfähig sind, wenn innerhalb eines gewissen Spielraums die Regeln eingehalten werden. Unser Blut gehört in den Blutkreislauf und der Eisbär nicht in den Dschungel. Wenn wir das Prinzip in sich logischer Biosysteme achten, läuft auch für uns als Menschen alles leichter. Denk nur an den Schlaf-Wach-Rhythmus: Je besser wir den in der für uns individuell stimmigen Weise einhalten, umso besser fühlen wir uns. Je stärker wir uns dagegen entscheiden, ob als Dauer-Passive oder Dauer-Aktive, umso unausgeglichener sind wir. Vergleichbar ist es in allen anderen Lebensbereichen auch.

Wie die Menschheit als Ganzes mit den Ordnungsprinzipien der Natur umgeht, können wir nicht unmittelbar beeinflussen. Wie wir selbst es tun, aber schon. Ganz einfache Selbstreflexionen können auch hier den Anfang machen: Ist in meinem Leben alles an seinem Platz? Bin ich am richtigen Platz? Was kann ich gut? Wo gehöre ich mit meinem Potenzial hin? Bleibe ich als Schuster bei meinen Leisten? Oder versuche ich, ein Adler auf dem Hühnerhof zu sein? Oder eine Maus unter Hyänen? Oder bin ich die sprichwörtliche Axt im Wald?

Wie nebenbei erweitert sich durch eine solche Betrachtungsweise die Bandbreite an Qualitäten, die wir ins Leben einbringen. Jeder Mensch ist anders, wir sind so vielfältig wie alles, was die Natur hervorbringt. Da gibt es nur Unikate, keine Kopien. In unserer aktuellen Gesellschaft aber haben wir uns leider auf relativ wenige Qualitäten geeinigt, die wir kollektiv gut finden und fördern. Schon in der Schule wird auf bestimmte, eng eingegrenzte Fähigkeiten Wert gelegt, während andere eher ignoriert oder sogar bestraft werden. Wer gut rechnen, schreiben und still sitzen kann, hat es deutlich leichter als ein musischer Träumer, ein langsamer, gründlicher Tiefer-Denker oder ein kreativer Luftikus. Das herkömmliche Schulsystem versucht die Kinder zu normen, europaweite Vergleichstest haben zum Ziel, dass alle Kinder, ob Spanier oder Norweger, Marseiller oder Berliner, das Gleiche gleich gut können. So sollen sie besser auf die

Wirtschaft vorbereitet werden. Aber selbst wenn sie der einzige Maßstab wäre, orientiert sie sich an Normen? Oder nicht letztlich am Leben mit seinem Auf und Ab und seinen höchst vielfältigen Herausforderungen, die auch nur mit einer Breite und Fülle an Fähigkeiten bewältigt werden können?[3] »Sei, wer du bist, und werde, wer du werden kannst«, ist ein Satz, den ich (Vera) gern in Gruppen und Ausbildungskursen benutze, um die Menschen zu motivieren, ihr ureigenes Potenzial zu entfalten. Wer das tut, in dem ist dann auch, so könnte man sagen, naturgemäß alles an seinem Platz. Er lebt sich aus, ist so, wie es seiner Natur entspricht.

Wage es also, dich so zu zeigen, wie du bist. Sag Ja zu dir selbst. Genau das wird dir nicht nur guttun, es wird dir nach und nach helfen, diese wesentlichen Fragen für dich zu klären: Was ist mein ureigenes Potenzial? Was ist es, das meine Augen zum Leuchten bringt, mein Herz öffnet und meine Seele beflügelt?

Diese Seelenerinnerung, wie wir es nennen, ist die Lebensaufgabe, die wir hier auf der Erde erfüllen möchten. Sie verbindet das, wo wir auf der seelischen Ebene herkommen, mit dem, was wir hier auf der Erde sind. Denn jetzt ist unser Platz hier auf diesem Planeten, als Kind von Mutter Erde. Wenn du dich einmal auf den Waldboden ins weiche Moos gelegt hast, den Duft des Waldes und der Pflanzen geatmet, dem feinen Wispern der Blätter oder Tiere gelauscht hast, vielleicht sogar noch die Wärme der Sonne auf deiner Haut gespürt hast, dann bist du angekommen im Schoß von Mutter Erde. Die folgende Übung gibt dir einen Geschmack von dieser tiefen Geborgenheit, den du immer weiter intensivieren kannst. Du kannst diese Übung zu Hause vor dem Einschlafen machen oder auch zwischendurch. Besonders schön ist sie, wenn du jemanden hast, der sie dir vorlesen kann, langsam und mit viel Ruhe.

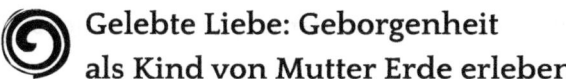

Gelebte Liebe: Geborgenheit als Kind von Mutter Erde erleben

- Leg dich bequem hin, so wie es dir am angenehmsten ist. Dabei spielt es keine Rolle, ob du auf dem Bauch, der Seite oder dem Rücken liegst, nur wohl solltest du dich fühlen.
- Werde dir sehr langsam jedes Teiles deines Körpers bewusst. Spüre, wie du liegst, wie die Arme, die Beine, der Rumpf und der Kopf auf der Unterlage aufliegen.
- Wenn du merkst, dass noch Spannungen da sind, dann gib ihnen nach, indem du deine Glieder so verschiebst, dass es noch angenehmer wird.
- Spüre die Unterlage, lass dich ganz auf ihr nieder und folge deinem Atem. Lass den Atem kommen und wieder gehen, in deinem eigenen Rhythmus, und werde innerlich immer ruhiger.
- Nimm erneut Kontakt zu deinem Körper auf, nimm die Stellen wahr, die sich mit der Unterlage verbinden, und sinke noch ein wenig tiefer in sie ein.
- Nimm dir viel Zeit, dich in deiner ruhenden Position angekommen zu fühlen.
- Stell dir nun vor, du ruhst auf der Erde. Wenn es dir angenehm ist, lass dich noch ein wenig tiefer in sie einsinken. Du spürst den Halt von Mutter Erde, die jeden

von uns trägt, ohne zu unterscheiden. Immer und unter allen Umständen ist sie selbstverständlich für dich da, sie trägt dich immer.

- Vertrauensvoll übergibst du deinen Körper der Erde, während du weiter mit deinem Atem verbunden bist. Du spürst das Getragenwerden, das vertrauensvolle Sich-Fallenlassen.
- Du übergibst dich mehr und mehr der Erde und atmest dabei in deinem eigenen Rhythmus ein und aus.
- Spüre, wie es ist, getragen zu werden und tief hinein in die Erde zu lauschen. Höre auf den Herzschlag von Mutter Erde, fühle dich eingebettet in das große Ganze.
- Nimm dir Zeit, in der Ruhe und Geborgenheit zu verweilen, getragen zu werden und sich tragen zu lassen. Wenn du jetzt einschläfst, nimm die Geborgenheit mit hinein in den Schlaf.
- Oder du kommst langsam zurück in deine Alltagswelt, spürst deinen Körper wieder ganz bewusst und regst langsam und bewusst deine Glieder. Das Gefühl tiefer Geborgenheit bleibt mit deinem Körper verbunden, und dein ruhiger Atem wird dich noch eine Weile weiter im Alltag begleiten.

Einladung zur Besinnung

Wir sind hier unterwegs, um uns stärker der geistigen Ebene der Natur zu widmen, die mit unserer eigenen in einer untrennbaren Verbindung ist. Diese Verbindung zu stärken hilft uns, im Leben geborgen zu sein, und es ist natürlich auch möglich und wichtig, dies in der Stadt zu spüren. Mit der

Natur verbunden zu sein verhilft uns zu Kraft und Zuversicht, und es schafft bewusste Klarheit für die zu meisternden Herausforderungen im Leben. Sich mit der geistigen Ebene der Natur zu verweben, erfüllt dabei nach und nach auch die Sehnsucht nach Natur, sodass sie sich auflösen kann, weil wir dort ankern, wo wir uns hingehörig fühlen: im Gefühl des Eins-Seins mit allem Lebendigen. Es schafft Wurzeln. Dann fühlen wir uns am richtigen Platz, ganz gleich, wo wir gerade sind, ob in einer schönen Landschaft, ganz urban zu Hause oder in einer Arbeitsumgebung.

Der Geist des Ortes kann nur durch den Geist erfahren werden, sagt Pier Hänni, Autor einiger Bücher über Kraftorte, und beschreibt damit, was alle alten Kulturen dieser Welt wissen. Es ist einzig das Bewusstsein, das die geistige Ebene von etwas erfassen kann. Daher kommt es auf unsere eigene Verfassung und Haltung an, auf den momentanen Bewusstseinszustand, mit dem wir eine Landschaft, einen Baum oder ein Tier und natürlich auch die Stadt betrachten. Es ist ja kein Automatismus, dass wir in der Natur entspannen und auftanken. Man kann auf einer Wanderung stundenlang reden und diskutieren. Dann hat man seinen Alltag, die Sorgen, den Beruf mit in die Natur hinausgenommen – und kaum etwas von der Umgebung mitbekommen. Entsprechend wenig verändert wird man sich am Abend fühlen. Sicher, ein bisschen tut die Natur auch dann – man hat sich zumindest bewegt, durchgeatmet und ist durch energetisch reinere Gebiete gegangen, die gewisse Lasten, die im eigenen Energiefeld klebten, weggenommen haben.

Intensiver und regelrecht heilsam aber sind die Aufenthalte in der Natur, für die sich auch Herz und Bewusstsein öffnen.

Dass dies geschieht, dafür reicht ein kleiner Shift im Bewusstsein, ein inneres Aufmerken (und in diesem Buch findest du zahlreiche Anregungen dafür). Oft werden uns solche Momente auch geschenkt. Wir laufen in Gedanken oder ein Gespräch versunken durch den Wald – und plötzlich sehen wir ein Reh vor uns auf einer Lichtung. Oder wir biegen um einen Fels und sehen völlig unerwartet die orangerote Sonne am Horizont untergehen. Aufmerken, Stille, Staunen. Wir halten inne. Wir sind ganz im Moment. Wir erleben etwas viel Tieferes als das, was vorher in unserem Kopf war. Etwas kaum zu Beschreibendes, das unser gesamtes Wesen erfasst. Freude steigt auf, wir fühlen uns verbunden, frisch und wirklich lebendig.

Wenn wir genauer hinsehen, merken wir: Die Natur spricht uns unentwegt Einladungen zur Besinnung aus, zum Innehalten, Gewahr-Werden, Bewusst-Sein. In ihrer Obhut ist es leichter, still zu werden und auf die Umgebung zu lauschen, die sich immer wieder wandelt und doch scheinbar ewig gleich bleibt: einfach Natur. Ob in der Menschenwelt Kampf ist oder Frieden, ob Mittelalter herrscht oder ein Computerzeitalter, Natur bleibt Natur und entwickelt sich zumindest deutlich langsamer als wir in unserer kulturellen Welt.

Sie macht uns das Ruhigwerden auch deshalb leicht, weil sie unbestreitbar eine andere Welt im Vergleich zu der ist, die wir Menschen im Laufe von Jahrtausenden geformt und gestaltet haben. Wir haben Häuser gebaut, die immer größer wurden, Fabriken, Shoppingzentren, Autobahnen. Wir leben überwiegend auf dieser Seite der Wirklichkeit und haben es uns dort auch ganz gut eingerichtet. Die Natur ist »draußen«. Eine Welt, die völlig anderen Gesetzen gehorcht. Eine Welt vor allem, in der es genau von dem nichts gibt, was in uns ununterbrochen wimmelt: Gedanken. In der Natur können wir abschalten – was nicht nur heißt, mal ohne technische Geräte unterwegs zu sein, sondern auch meint, dass wir vom ewigen Gedankenstrom in uns ablassen, die Sorgen ziehen lassen, ankommen in dem, was wir unmittelbar um uns herum sehen, riechen, fühlen, hören. Die Natur weckt unsere Sinne, kitzelt unmittelbare Empfindungen in uns hervor, macht uns lebendig und, ja, natürlich. Wir erleben uns so, wie wir sind. Unkompliziert. Besinnung bezieht sich vom Wort her nicht zufällig auf die Sinne und das Sinnliche. Wenn wir uns besinnen, werden unsere Sinne wiederbelebt, wir spüren uns und unser Umfeld, wir nehmen unvermittelt und »echt« wahr.

Für viele – wie auch für uns Autorinnen – ist insbesondere die Stille eine unschätzbare Qualität, die uns die Natur immer wieder schenkt. Sie eröffnet uns eine Ahnung von der Schöpferkraft, vom Urgrund des Seins, vom reinen Bewusstsein oder wie auch immer man es ausdrücken will. Stille heißt dabei nicht unbedingt Geräuschlosigkeit. Der Wind, die Bäume, die Tiere oder Vögel können durchaus hörbar sein – und doch liegt unter allem so ein Zauber des eben nicht Hörbaren, der unendlich weiten Stille. Darauf zu lauschen, das wollen wir hier als praktische Übung anregen.

Und das ist auch gleich so eine Sache: Viele Menschen lieben die Stille, es sind diejenigen, die ihre Schönheit bereits erfahren haben und seither immer wieder davon kosten wollen. Für sie wird diese Übung leicht und angenehm sein. Andere sind in einem stärkeren Maße daran gewöhnt, Geräusche um sich zu haben, ein Radio, den Fernseher, Kopfhörer.

Wenn das auf dich zutrifft, versuch doch mal, dich auf das »Geräusch des Nichts« zu konzentrieren. Ganz gleich, ob um dich herum gerade Geräusche sind, du lauschst auf die Stille, die ebenfalls da ist. Wenn du in einem ruhigen Wald sitzt, ist diese Stille natürlich leichter erfahrbar als an einem sonntäglich belebten Badesee oder gar an einer Hauptverkehrsader in der Großstadt. Aber hinter allen Geräuschen gibt es dennoch eine Stille, eine unhörbare Weite. Sie ist immer die Gleiche, eine Konstante im Leben, auf die du dich jederzeit besinnen kannst. Es wird von außen nichts vorgegeben, stattdessen tut sich im Inneren eine ungeheure Weite auf, die sonst einfach nicht bemerkt werden kann. Ein Genuss, wenn man sich einmal darauf einlassen konnte. Und etwas, das uns Menschen zutiefst mit der Natur verbindet.

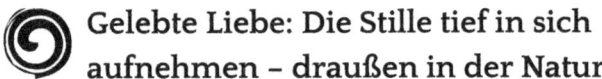 **Gelebte Liebe: Die Stille tief in sich aufnehmen – draußen in der Natur**

- Begib dich an einen ruhigen Platz irgendwo draußen in der Natur. Das kann ein Lieblingsplatz sein, den du schon häufiger aufgesucht hast. Oder du entdeckst auf einem Ausflug einen neuen Ort, der dich zu Stille und Besinnung einlädt.
- Stell oder setz dich an deinem Platz bequem hin und atme einige Male tief durch.
- Werde dir deines Körpers bewusst. Spüre deine Füße und die Art, wie du stehst oder sitzt. Nimm deine Haltung wahr und atme in deinem eigenen Rhythmus ruhig weiter ein und aus.

- Und nun beginne zu lauschen, einfach nur in die Weite hineinzuhören und die Stille wahrzunehmen, die auch dann da ist, wenn es Geräusche gibt. Du kannst dich auch langsam und ruhig umschauen, vielleicht fällt es dir dann leichter, die Stille wahrzunehmen. Oder du betrachtest einen Baum oder die Oberfläche eines Gewässers.

- Wenn es im Kopf noch etwas unruhig ist, hilft es manchmal, kurz die Luft anzuhalten und aufmerksam dafür zu bleiben, was dabei passiert. Lausche gleichzeitig weiter in die Stille um dich herum.

- Entspanne deinen Körper und spüre die Weite der Landschaft.

- Spüre diese Weite nun auch in dir selbst, in jeder deiner Zellen. Lass die Weite, die Stille tief in deinen Körper einsinken. Spüre nach, wo du sie besonders gut oder angenehm wahrnehmen kannst.

- Wenn du durch irgendetwas abgelenkt oder gestört wirst, nimm es einfach wahr. Und bemerke auch, dass die Stille davon nicht beeinträchtigt wird. Die Stille bleibt weiter da, auch wenn du zwischenzeitlich auf die Geräusche konzentriert bist und sie nicht bemerkst.

- Wenn du nach einer Weile wieder in dein Alltagsbewusstsein zurückkehrst: Bewahre ein bisschen von der Stille und der inneren Ruhe in dir.

Wie ist es dir damit ergangen? Eine solche Übung klappt mal mehr und mal weniger gut, denn wir sind durch unseren oft fordernden Alltag mal mehr und mal weniger ruhig in uns selbst. Und so können wir die Stille außen manchmal nicht so gut oder gar nicht wahrnehmen und eventuell auch nicht aushalten. Der Widerspruch zu Unruhe und Gedankenaktivität in uns selbst ist einfach zu groß. Innere und äußere Natur passen in solchen Momenten nicht zusammen. Meist wenden wir uns dann von der äußeren Natur ab und laufen weiter den Aktivitäten im Alltag oder in unserem Kopf nach.

Den umgekehrten Weg zu gehen und sich der Stille im Außen zuzuwenden, macht es möglich, dass sie auf uns abfärben kann. Wie oft sieht man einen Menschen irgendwo auf einer Bank sitzen, die Sonne genießen und hat das Gefühl, dass er genau in diesem Zustand des Lauschens auf die Ruhe ist. Ein Bild wirklichen Friedens. Die Stille wahrzunehmen und damit auch in sich aufzunehmen, mag allerdings in den ersten Momenten nicht immer angenehm sein, weil man sich des Lärms im eigenen Inneren dann erst so richtig bewusst wird. Aber diese unbeschreibliche ruhige Weite, die Atmosphäre der »Natürlichkeit«, der größeren Ordnung, die alles durchdringt, sie ist stärker und macht es uns möglich, im eigenen Inneren anzukommen und Störendes loszulassen. Was dann bleibt, ist nicht etwa gar nichts mehr, sondern eine ungeheure Kraft, die aus der Ruhe kommt.[4]

Mit dieser Übung werden wir später noch weiter experimentieren. Wir möchten dich anregen, die Erfahrung nach und nach urbaner werden zu lassen. In die Stille einzutauchen ist in der freien Natur am leichtesten, aber nach einer Zeit geht es auch mitten im Stadtgetümmel. Aus unserer Erfahrung ist diese Übung ein Schlüssel dazu, sich bald in jeder Umgebung in der Natur – der inneren ebenso wie der äußeren, je nach aktuellem Aufenthaltsort – verankern und dort Kraft tanken zu können. Man kommt zu sich selbst und zugleich in die Verbundenheit mit allem Lebendigen.

Um das gleich noch ein wenig zu üben, kannst du dich auch auf bestimmte Geräusche der Natur fokussieren. Lausche beispielsweise auf den Gesang der Vögel oder eines bestimmten Vogels, dessen Lied heraussticht, der Amsel vielleicht oder dem Rufen eines Bussards. Oder höre auf das Rascheln der Blätter oder das Rauschen der Baumkronen im Wind, auf einen Bach oder auf das leise Knistern, das Insekten verursachen können. Du schärfst deine Sinne mit solchen Erfahrungen und wirst staunen, wie ruhig und zufrieden du dabei wirst. Bald dürfte es dir auch leicht fallen, mit der Aufmerksamkeit zwischen Geräusch und Stille hin und her zu schalten.

In der Natur Kraft tanken – fürs Stadtleben

Beim Wandern spürt man es besonders gut: Stadt und Natur sind zwei Welten. Die Oper Tiefland von Eugen d'Albert beschreibt diese Differenz sogar musikalisch – wundervoll! Die Szenen oben in den Bergen, wo der Hirte Pedro seine Schafe hütet, sind voller Sanftheit, Weite und Ausgeglichenheit, während im Tal unten in den Orten eher die Geschwätzigkeit der Menschen und ihre Querelen miteinander hörbar werden. Kommt man nach ein paar Stunden des Gehens »draußen« selbst wieder in Stadtnähe, kann man es ähnlich erleben. Die Stille weicht der Geschäftigkeit, die Naturwelt ist hier erst einmal zu Ende. Wir kommen zurück in die Realität, in der wir den Großteil unseres Lebens verbringen. Wie aber könnten wir das erhalten, was wir an Stille und Frieden, an Kraft und Eins-Sein erlebt haben?

Wir ziehen an den Wochenenden und im Urlaub in die Natur, um uns zu erholen, zu entspannen und fit für die nächste Runde Alltag zu werden. Die Erholung reicht ein Stück, sie trägt uns durch die Woche – und am nächsten Freitag sind wir doch wieder reif fürs Grüne. Ideal wäre es natürlich, wenn man länger etwas davon hätte und die Naturerfahrung in der Stadt, im Alltag sogar immer wieder auffrischen und vertiefen könnte. Bezieht man die innere Natur und die geistige Ebene mit ein, ist das absolut möglich – und genau dahin bewegen wir uns in diesem Buch. Bleiben wir zunächst im Grünen draußen, weitab von allem Urbanen und versuchen wir, auf eine ganz neue Weise an das Erlebnis Natur heranzugehen.

Die Natur erfahren – auch mit dem sechsten Sinn

Es gibt ganz unterschiedliche Weisen, in der Natur zu sein. Wir wollen hier für unseren Zusammenhang drei Stufen skizzieren: Auf der ersten ist man in seinen Gedanken gefangen. Man läuft durch einen Wald oder sitzt an einem See, aber Herz und Sinne sind verschlossen. Auf einer zweiten Stufe, die oftmals von allein einsetzt, wenn man sich eine Weile draußen aufgehalten hat, ist man langsam angekommen – in der Landschaft und ebenso bei sich selbst. Man wird ruhiger, die Gedanken werden weniger, man riecht, sieht und spürt mehr von dem, was einen umgibt. Und auf der dritten Stufe unseres Modells ist man dann wirklich mit allen Sinnen dort, wo man auch körperlich ist, und verschmilzt mit der Umgebung, mit den Wesen, die dort leben. Das eigene Energiefeld hat sich mit dem der Natur harmonisiert – Mensch und Natur sind sich tatsächlich begegnet und haben sich verbunden. Dies passiert im einfachsten Fall ebenfalls von allein. Mit den Anregungen aus diesem Buch aber kannst du nachhelfen und tiefer oder häufiger eintauchen, bis es dir sogar mitten im städtischen Alltagstreiben gelingt.

Gehen wir auf eine wache Weise durch die Natur, können wir ein Bewusstsein für das eigene Energiefeld, die eigene Ausstrahlung entwickeln. Wir bemerken, dass wir mit der Atmosphäre um uns selbst herum der Atmosphäre des Waldes oder der Landschaft begegnen. Sie reagiert darauf, so wie wir umgekehrt auf das Energiefeld der Natur reagieren. Das Faszinierende ist: Wenn sich zwei begegnen, entsteht etwas Drittes. Das ist in menschlichen Beziehungen so, aber eben auch, wenn wir uns auf die Natur einlassen.

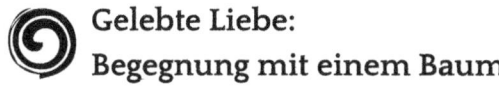 **Gelebte Liebe:**
Begegnung mit einem Baum

- Stell dich irgendwo draußen ein paar Meter entfernt vor einem Baum hin, der dir gefällt. Spüre, wie du da stehst, wie deine Füße die Erde berühren, wie du ein- und ausatmest und allmählich ruhiger wirst.
- Spüre nach: Wie geht es dir? Wie fühlst du dich momentan?
- Nimm jetzt den Baum wahr – entspannt und intensiv zugleich. Wie mag es diesem Baum wohl gerade gehen? Wie steht er? Wie fühlt er sich in seinen Wurzeln, in seinen Blättern, in seiner Krone?

- Konzentriere dich nun auf den Raum zwischen dir und dem Baum. Was für eine Atmosphäre nimmst du dort wahr? Ist da etwas zwischen dir und dem Baum entstanden?
- Spüre nun wieder ganz zu dir selbst hin. Wie geht es dir jetzt?
- Dehne deine Wahrnehmung zum Abschluss ohne Fokus in den gesamten Raum um dich herum aus. Wie fühlt sich dieser Raum, in dem du stehst, jetzt an? Hat sich durch deine Achtsamkeit etwas in der Atmosphäre verändert?

Ralph Müller, Wildnisexperte und Vogelkenner par excellence, beschreibt in seinem beindruckenden Buch *Die geheime Sprache der Vögel* ein noch differenzierteres Modell in Bezug auf die Beobachtung von Vögeln. Er spricht vom »magischen Raum«[5], der entsteht, wenn unsere Wahrnehmung bereits weit in den Raum hinausreicht, wir aber zugleich unsere Ausstrahlung so verfeinert und beruhigt haben, dass wir die Tiere nicht mehr stören. Natur und Mensch, Tiere und Mensch können sich näher begegnen.

In genau diesem Wahrnehmungszustand hat er selbst beinahe unglaubliche Tierbegegnungen erlebt, die ihn viel über sein eigenes Leben und das Menschsein an sich lehrten. Und auch wir können von solchen Erfahrungen erzählen. So saß Vera einmal sehr lange still im Wald, beruhigte sich bewusst immer weiter und versuchte regelrecht, eins mit dem Wald zu werden. Es scheint geklappt zu haben, denn nach einer Zeit tauchte vor ihr eine Maus auf, kurz darauf eine zweite und eine dritte. Sie spielten für ein paar Momente direkt vor ihren Füßen miteinander … Franziska übernachtete einmal mit dem Schlafsack direkt am Ufer eines Sees. Als sie sehr früh am Morgen wach dort saß und sich ganz friedvoll und eins mit der Natur fühlte, kam ein Fuchs durch das knöcheltiefe Wasser spaziert. Er kam ihr bis auf drei Meter nahe – dann hielt er inne, merkte, dass etwas nicht stimmte, drehte den Kopf zu ihr und ging etwas eiliger seiner Wege. In beiden Fällen waren wir so mit der Umgebung verbunden, dass diese uns nicht mehr sofort als fremd und möglicherweise gefährlich wahrnahm. Winzige Momente der Begegnung wurden möglich, die aber so tief berührend waren, dass sie unvergesslich wurden.

Das große Umschalten

Immer ist es der aktuelle Bewusstseinszustand, der eine umfassende Naturerfahrung zulässt oder sich durch einen bestimmten Fokus nur auf einen Teil des Erlebbaren richtet. Sicher kennst du es, dass du ganz anders unterwegs bist, wenn du eine Kamera dabei hast. Alles, was du siehst, prüfst du daraufhin, ob es ein gutes Motiv sein könnte. Das aber schränkt den Blick stark ein. In diesem Zustand ist es sehr viel schwerer, die Umgebung fühlend wahrzunehmen, hörend, sinnlich. Nur die Augen sind aktiv, auf ein Ziel, ein erhofftes Ergebnis ausgerichtet. Im Schamanismus wird die Absicht eines Vorhabens betont. Sie legt von vornherein die Ausrichtung fest. In unserem Beispiel gibt es zwei Möglichkeiten, auf die wir unsere Absicht richten könnten: auf gute Fotos oder mehr Erfahrungstiefe. Mach es immer wieder zu einer Frage der Entscheidung: Was willst du heute erleben? Was jetzt in diesem Moment? Möchtest du Erinnerungsfotos machen? Möchtest du dich tief auf die Natur einlassen? Oder ist es deine Absicht, mit der Kamera hinauszugehen, um ein Foto als Anker für deine Verbindung mit der Natur zu machen, das dir im Stadtalltag Kraft und Ruhe gibt? Es ist eine Frage der Entscheidung. Willst du dich am Skihang austoben und möglichst viele Talfahrten »machen«? Oder willst du in die Stille der Winterlandschaft eintauchen und darüber zur eigenen inneren Ruhe finden? Alles ist möglich, aber vieles eben nicht gleichzeitig. Nacheinander hingegen klappt es schon.

Was wir in diesem Buch regelrecht als Training anbieten, ist das Umschalten von einem alltäglichen in einen außeralltäglichen Bewusstseinszustand, der letztlich in unterschiedlichen Abstufungen auch einem meditativen oder schamanischen Bewusstseinszustand entspricht. Hier gleich zwei Ideen dazu, die du ausprobieren und weiterentwickeln kannst. Es geht bei ihnen nicht um die Entscheidung für oder gegen eine Möglichkeit, einen Zustand. Es geht nicht um ein Entweder-oder, wie es im Beispiel des Fotografierens gefragt war. Vielmehr geht es um den Klick, mit dem von einem eher verschlafenen in einen wachen Zustand des Bewusstseins umgeschaltet wird. Eine Entscheidung ist auch hier nötig: die Entscheidung für dieses Umschalten.

Mit den folgenden Übungen schärfst du deine Sinne in der Natur. Durch das Innehalten oder vielmehr das Sehen aus einem veränderten Blickwinkel kannst du deine Wahrnehmungsrezeptoren immer wieder auf die Stufe »frisch und neu« schalten. Du merkst, wie du dich von der Welt der Gedanken ab- und zur äußeren Realität hinwendest. Diese

Übungen helfen dir somit, auf die alltägliche Wirklichkeit tatsächlich aufmerksam zu werden, auch auf die dort herrschende Atmosphäre, das Energiefeld, das um dich herum gerade da ist. Dein Bewusstsein wird geschult, sodass du bald jederzeit und überall, auch in der Stadt, willentlich umschalten kannst.

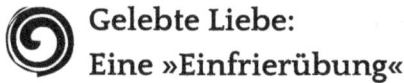 **Gelebte Liebe:**
Eine »Einfrierübung«

- Mach mit dir selbst ein Zeichen aus, wenn du das nächste Mal durch die Natur spazierst: zum Beispiel das erste Eichhörnchen, das du siehst; der erste Rabe, den du hörst; wenn zum ersten Mal ein Stock unter deinen Füßen knackt oder du einen sanften Windhauch im Gesicht spürst. Dein Zeichen kann den Sinn ansprechen, den du möchtest.
- Spaziere nun los und genieße die Umgebung. Das Warten auf dein Zeichen lässt dich ganz automatisch achtsamer sein. Wahrscheinlich aber vergisst du es nach einer Weile und denkst an etwas anderes.
- Wenn dein Zeichen dann plötzlich auftaucht – du siehst ein Eichhörnchen, hörst einen Raben, es knackt unter deinem Schuh oder der Windhauch wird spürbar – dann hältst du unverzüglich inne. Du bleibst starr so stehen, wie du gerade bist. Du frierst gewissermaßen die aktuelle Bewegung ein.
- Nimm nun wahr, wie du selbst gerade bist. Spüre, wie du stehst, wie du atmest, wie du dich fühlst. Vielleicht

bemerkst du auch, dass du mit deinen Sinnen und vor allem deinen Gedanken gerade ganz woanders warst.

- Nimm auch wahr, wie sich die Umgebung anfühlt.
- Bevor du weitergehst, kannst du, wenn du möchtest, mit dir einen neuen Wachrüttler ausmachen.

Gelebte Liebe: Als Alien auf der Erde

- Stell dir auf einem Spaziergang oder einem Teilstück einer Wanderung vor, du seiest ein eben erst auf der Erde gelandeter Außerirdischer. So etwas, wie du jetzt hier um dich herum vorfindest, hast du noch niemals gesehen. Ja, du konntest es dir nicht einmal vorstellen, weil es dort, wo du herkommst, vollkommen anders ist.
- Schau dich also mit großen staunenden Augen um. Nimm die Farben wahr, die Formen, die Größe der Bäume und die Winzigkeit der Ameisen. Lausche mit weit offenen Ohren. Schnuppere mit einer höchst entzückten Nase.
- Spüre nach einer Zeit, wie du selbst dich fühlst, nachdem du mit so wachen und geschärften Sinnen durch die Natur gegangen bist.

Das große Umschalten ist die Entscheidung, vom Zustand »unbewusst« in den Zustand »bewusst« zu wechseln. Du schaltest von versunken (meist in Gedankenwelten) um zu wach, von verschlossen zu offen, von taub zu sensibel. Initiiert wird dieses Switchen von der einfachen Entscheidung für die Bewusstheit. Du nutzt die Kraft deiner Gedanken und deiner grundlegenden inneren Absicht.

Auch die Schamanen und Rishis, die Heiler und Seher aller Zeiten wussten, dass wir mit unseren Gedanken die Welt kreieren. Indem du die Schöpferkraft »bist«, ist in deinem Kopf, in deinem Herzen, in deinem Wesen letztlich alles möglich. Du kannst dich auf ein Ziel ausrichten und es mit aller Kraft verfolgen. Oder du entscheidest, dich treiben zu lassen, mit dem Geschehen zu fließen und zuzulassen, was passieren will. Deine Entscheidung richtet den Fokus aus. Du kannst Aktivität oder Passivität, Machen oder Geschehenlassen wählen. Beides ist als gleichberechtigte Möglichkeit vorhanden und du entscheidest, was du in welcher Situation möchtest. Du kannst die Dinge durchdenken, analysieren und gedanklich so fein zerlegen, dass sie dir über viele ihrer Details Aufschluss geben. Oder du öffnest dein Herz und lauschst mit allen Sinnen, was dir die Dinge zu sagen haben. Du kannst dich zerstreuen und von anderen Menschen, von Musik, dem Fernseher oder dem Internet unterhalten lassen. Oder du fokussierst dich auf deine Innenwelt, wirst still und hörst auf das, was dir dein Inneres über dich selbst erzählen möchte. Beides ist von Zeit zu Zeit wichtig oder einfach nur schön. All diese Herangehensweisen sind richtig und zuweilen sinnvoll. Alle haben ihren Platz und ihre Zeit. Du entscheidest, welche du willst. In jedem Augenblick neu – und auch für die Grundausrichtung deines Lebens. Ist es tendenziell die Bewusstheit, die du wählst, heißt das nicht, dass du von nun an immer höchst wachsam und achtsam sein wirst. Das gelingt den allerwenigsten. Die Entscheidung – oder eben das Umschalten – muss immer wieder neu erfolgen. Denn zu lange lebten wir andere Muster.

Wenn du dich fragst, wofür es überhaupt gut ist, in sich ein wacheres Bewusstsein zu etablieren – dafür gibt es viele Gründe:

- Sofort erfährst du eine deutlich größere Erlebnistiefe und -dichte.
- Du spürst dich selbst und dein Umfeld klarer und lebendiger.
- Das oft quälende Gedankenkarussell dreht sich langsamer oder stoppt ganz – eine ungeheure Befreiung, nicht mehr ununterbrochen denken zu *müssen*.
- Du entwickelst eine größere Sensibilität für die unterschiedlichen Ebenen des Seins und verlässt damit natürlich auch die häufige Eindimensionalität des modernen Alltags.
- Du öffnest dich für deine Intuition, für die Weisheit aus deinem Bauch und die Botschaften der geistigen Welten.
- Du öffnest dich für die tieferen Dimensionen des Lebens, für das Geistige, das Göttliche oder wie auch immer du es nennen willst.
- Du weißt um die vielen unterschiedlichen und gleichberechtigten Möglichkeiten, zu denken, zu fühlen, zu handeln, zu sein – und kannst damit auch selbst ein deutlich erweitertes Spektrum an Wegen nutzen, deine Individualität zu leben.

- Du entwickelst eine gesteigerte Sensibilität für deine eigenen Bedürfnisse und kannst so viel liebevoller für dich selbst sorgen.
- Auch andere nehmen dich viel klarer und authentischer wahr, was sich natürlich harmonisch auf das Zusammenleben oder -arbeiten auswirkt.
- Deine Wahrnehmung der Natur ändert sich – und damit auch deine Haltung den Pflanzen und Tieren und der gesamten Schöpfung gegenüber. Du fühlst dich eingebunden in das große Ganze und willst als Teil davon auch deinen positiven Beitrag leisten.
- Letztlich erlebst du etwas nicht Beschreibbares. Du kommst im allertiefsten Sinne des Wortes zu dir, mit Körper, Geist und Seele.

Kommunikation mit der Natur

In einem tieferen Einlassen auf die Natur ist natürlich auch Kommunikation möglich, mit einem Baum, einem Fels, einem Wäldchen, einem See. Die Menschen alter Kulturen haben sich wahrscheinlich immer mit Wesen der Natur ausgetauscht, sie um Unterstützung und Rat gegeben.

Tauchen wir in die geistige Ebene der Natur ein, wird uns plötzlich ein tieferes Wissen zugänglich. Wir erhalten Antworten auf drängende Fragen und können sogar richtiggehend neu ausgebildet werden in Sachen Lebenskunst auf der Erde. Michael Roads, einer der großen Erzähler spiritueller Erfahrungen, beschreibt das wunderbar in seinem bekannten Buch *Mit der Natur reden*. Auch er erlebte bei seinen Streifzügen durch die Wälder, bei denen er mit Pflanzen und Steinen sprach, die innige Verbindung von äußerer und innerer Natur. Er hat es auf einzigartige Weise geschafft, der Natur selbst Antworten auf die Frage zu entlocken, wie wir Menschen uns wieder tiefer mit ihr verbinden können. All die Aussagen der Steine, Bäume, Tiere und Felsen, die er in seinem Text wiedergibt, sind eng mit seinem eigenen Prozess, seiner eigenen Bewusstseinsentwicklung verwoben. Und genau diese Bereitschaft, sich selbst zu wandeln und weiterzuentwickeln, ist wohl auch grundlegend für einen tieferen Kontakt mit der Natur. Denn er übersteigt alles, was wir uns zuvor rational vorstellen konnten. Er bringt uns näher zum Urgrund des Lebens und damit natürlich auch näher zu uns selbst. Wir finden unsere irdische Heimat, könnte man sagen.

Oft bietet uns der Austausch Antworten auf ganz persönliche Fragen und hilft uns bei individuellen Herausforderungen weiter. Vielleicht ist dir das auch schon passiert, dass du beim Spazierengehen einen Vogel oder einen Fels betrachtetest und plötzlich die Lösungsidee für ein Problem in dir aufstieg oder du durch ein paar Worte, die sich wie von allein in deinem Geist formten, getröstet warst. Ich (Franziska) hatte eine Phase in meinem Leben, in der für ein paar Monate die Natur meine wesentliche Anlaufstelle war. Einige Bäume und ein See waren es, die ich damals mit meinen Fragen fast täglich aufsuchte. Ich lehnte mich an die Bäume oder saß lange still am Seeufer und sog die Kraft, die starke, völlig selbstverständliche Lebensverbundenheit dieser Wesenheiten in mich auf. Oft fragte ich auch ganz direkt, was ich denn jetzt machen solle oder wie es weitergehen würde. Immer kam eine Antwort. Und immer überraschte sie mich, weil ich sie mir nicht hätte ausdenken können. Manchmal war die

Antwort auch nicht so, dass ich nun besser Bescheid wusste – sondern es wurde mein Herz berührt, ich konnte vielleicht weinen oder musste spontan lachen und fühlte mich dabei auf seltsame Weise besser. Irgendein tief verborgenes Wissen in mir schien kurz aufzuwachen: Du bist Teil des großen Lebens, es wird alles weitergehen, hab Geduld und sorge gut für dich.

Die Natur ist unsere beste Ratgeberin, nicht nur in dem Sinne, dass wir sehr viel von ihr lernen können, sondern auch ganz direkt: Wir lassen uns auf sie ein und werden wissend. Dies wurde seit alters her auch für Vision Quests genutzt, die Schamanen in der Natur durchführen. Sie verbinden sich dort intensiv mit den Kräften des Lebens und erhalten Botschaften, die alles Weitere prägen.

Interessant und die eigene Weltsicht erweiternd ist die Kommunikation »draußen« auch, wenn es gar nicht um persönliche Belange geht. So hatte ich (Vera) beispielsweise eine Unterhaltung mit einer jungen, etwa drei Meter hohen Tanne, die mich auf einem Spaziergang regelrecht zu rufen schien. Der dünne Stamm hatte kleine abgebrochene Äste, die wie Borsten hervorragten. Für mich war es, als wäre er voller Pickel – eine Tanne in der Pubertät. Sie war jedoch stark und konnte mich mit ihren bereits recht tiefen Wurzeln gut halten, ich konnte mich also gemütlich an sie anlehnen. »Ihr seht auf euren Erkundungen immer nur die schönen, uralten, ganz besonderen Bäume«, sagte sie. »Ihr sucht die starken Stämme der großen Bäume, weil ihr meint, nur sie könnten euch halten. Und ihr meint, nur die Alten könnten euch etwas lehren. Ihr habt vergessen, alles etwas differenzierter zu sehen. Bei uns Jungen ist es leicht, kritisch zu sein. Du siehst sofort, dass ich asymmetrisch bin, bei einem großen Baum würde dir das nie oder nicht so schnell auffallen. Bei mir siehst du, wo etwas abgestorben ist und dass oben an der Krone ein Stück fehlt. Wärst du auch so kritisch bei einem alten Baum?«

Es war spannend für mich, von einem so jungen Baum zu lernen. Ich begriff auch, dass junge Menschen ganz andere, höchst interessante Standpunkte haben und ich ihre Sicht der Dinge genauer erfahren sollte. »Die Älteren verstecken viel von ihrer Kraft und es ist nicht mehr alles so gut sichtbar wie bei den Jungen«, sagte die Tanne weiter. Ja, bei reiferen Menschen muss man meist genauer hinschauen, um zu erkennen, wer sie sind. Junge Leute sind oft freier, verstellen sich weniger, ihr Handeln ist leichter berechenbar.

Ich legte mich auf die Erde, um besser zuhören zu können. Die Tanne meinte, dass sie den Schatten aller großen Bäume um sich herum hat und daher nicht so optimal wachsen könne. Sie bekommt von allen die Schattenseiten, also die nicht so angenehmen Seiten ab. Gleichzeitig sind die großen Bäume auch ein Schutz. Doch erst, wenn ein großer Baum stirbt, schenkt er dem Kleinen das Licht. Ich fühlte mich daran erinnert, dass auch wir Menschen erst dann zu voller Größe heranreifen, wenn wir die volle Verantwortung übernehmen und nichts mehr auf die Eltern- oder Großelterngeneration schieben. Kein Schutz mehr, keine Unterstützung mehr, aber dafür Raum für die wahre eigene Größe.

Gelebte Liebe:
Aus der Stille heraus kommunizieren

- Begib dich wieder an einen ruhigen Platz irgendwo draußen in der Natur. Stell oder setz dich bequem hin und atme einige Male tief durch.
- Nimm dir Zeit, anzukommen. Spüre deine Füße auf der Erde, deine Hände, den Atem. Werde dir deiner selbst bewusst, wie du hier in der Natur stehst.
- Schließe die Augen, wenn dir das angenehm ist.
- Lausche, nimm die Stille um dich herum wahr, bis du dich ganz ruhig und geborgen fühlst.
- Schau dich jetzt um, blicke auf einen Baum oder einen Stein. Bleibe im Bewusstsein der Stille und nimm den Baum oder Stein ganz neu wahr. Mit offenem Herzen, weichem Blick.
- Geh in Verbindung mit ihm, begrüße ihn und warte ab, ob du eine Antwort erhältst. Vielleicht entspinnt sich ein kleines Gespräch, oder du bleibst einfach in der Empfindung einer tieferen Verbundenheit mit deinem Natur-Gegenüber.

In der Naturkommunikation können übrigens sogar Märchen wahr werden. Wie oft geht es in den alten Geschichten darum, dass ein Mensch in die Natur hinausgeht, einem seltsamen Wesen begegnet und von ihm regelrecht auf Herz und Nieren geprüft wird. Ist es ein guter Mensch? Hilfreich, gütig, mitfühlend? Besteht er die Prüfung, wird er reich belohnt. Viele

Menschen heute haben sich genau diesen »seltsamen Wesen« wieder geöffnet und wissen, dass es beispielsweise im Wald mehr gibt als nur Bäume, Pilze, Wildtiere und Insekten. Wenn man sehr aufmerksam ist, kann man an manchen Orten tatsächlich Wesen erahnen, die nur so etwas sein können wie Elfe, Feen, Kobolde und andere »Geister«. Oft gehören sie zu einem Baum oder einem bestimmten kleinen Areal oder zu einem Gewässer. Sie wohnen dort, werden ungern gestört, sind aber durchaus zu einem Plausch mit einem feinfühligen Menschen bereit. Sich darauf einzulassen, dabei auch zu fragen, was sie sich wünschen und was man für sie tun könne – das kann den märchenhaften Reichtum tatsächlich ins Leben bringen. Nicht unbedingt in Form einer Truhe Gold oder der Hand einer Königstochter. Aber in Form von Trost, Unterstützung, Wissen und wachsender Lebensweisheit, die tatsächlich zu einem erfüllten, reichen Leben führen.

Gerade Kinder haben einen guten Zugang zu den Wesen der Natur, die wir Erwachsenen leider oft nur noch belächeln. Wir kennen eine Frau, die mit kleinen Kindergruppen zu besonderen Plätzen in der Natur geht und ihnen dort von den Elfen erzählt. Für die Kinder ist das wundervoll, schnell fangen sie ihrerseits an, von ihren Erlebnissen mit Feen, Elfen oder Zwergen zu reden.

Vielleicht zeigt diese Frau den Kindern auch etwas, was schon unsere Ur-Ur-Ur-Großeltern im Wald taten: Sie suchten sich irgendwo, am besten in einer zauberhaft und verwunschen wirkenden Landschaft einen gegabelten Baum. Dann hoben sie ein Stöckchen auf und ließen einen Wunsch auf ihn übergehen: Sie flüsterten ihm den Wunsch ein oder ließen ihn über ihre Hände in das Holz fließen. Dann warfen sie das

Stöckchen durch die Gabel des Baumes. Nun war er im Elfenbriefkasten angekommen und würde dort bearbeitet werden. Wenn du es ausprobieren möchtest, die Elfen leben nach wie vor in vielen Wäldern ...

Geschärftes Bewusstsein trifft auf besondere Schwingungen

Wir hatten über das Umschalten in den Zustand des wachen Bewusstseins schon gesprochen und werden in diesem Buch auch immer wieder darauf zurückkommen. Um in diesen weicheren, offeneren Zustand der Naturbegegnung zu gelangen, machen sehr viele Menschen ein kleines Ritual. Sie begrüßen die Natur oder speziell das Stückchen Natur, das sie gerade betreten wollen, und bitten die geistige Welt, die Baum-, Wasser- oder Tiergeister um Einlass. Wenn du also einen Waldspaziergang machst, kannst du am Eingang in den Wald stehen bleiben, als wäre dort eine Schwelle. Und sie ist tatsächlich da, manchmal markiert von zwei seitlich stehenden Bäumen, die den Weg flankieren und als Wächter fungieren. Wer als ein kleines Ritual innehält, grüßt, dem Fleckchen Erde Respekt und Aufmerksamkeit zollt, wer die geistige Ebene anerkennt und freundlich um Aufnahme bittet – der wird nicht nur selbst achtsamer. Mit seinem sofort wacheren Bewusstsein ist es, als würde er in eine ganz andere Welt eingelassen als die alltägliche, eine Welt, die ihn herzlich teilhaben lässt. Am Ende kann man sich bedanken und verabschieden. Dann tritt man bewusst wieder in die zivilisierte Welt und in den alltäglichen Bewusstseinszustand ein.

Diese besondere Wachheit beim Betreten eines Ortes lohnt sich natürlich besonders an Kraftorten, die überall auf der

Erde eine besonders wertvolle und heilsame Schwingung aufweisen. Schon immer haben sich Menschen zu diesen besonderen Plätzen in der Natur hingezogen gefühlt. Lichtungen, Berge, Bäume und Quellen – einige von ihnen strahlen eine Energie aus, die sich von den gewöhnlichen Plätzen stark abhebt und uns Heilung, Inspiration oder einfach innere Ruhe vermitteln kann. Auch alte Heiligtümer oder Kirchen wurden sehr oft an solchen Plätzen errichtet. Viele sind mit Sagen und Legenden verwoben, die beschreiben, dass Götter, Naturgeister oder Heilige an dieser Stelle Wunder vollbrachten und den Platz damit segneten. Oftmals über Jahrhunderte kamen die Menschen bewusst zu diesen Plätzen, um sich mit dem Göttlichen zu verbinden, zu beten, zu bitten, zu danken, sich aufzutanken. Bis heute lässt sich daher an Kraftorten eine stark positiv aufgeladene Schwingung feststellen, die vor allem dann spürbar wird, wenn man sich mit einem wachen Bewusstsein dort aufhält.

Kraftplätze müssen aber nicht nur die sein, die seit alters her als solche gelten. Viele besonders ausladende oder durch ihre Wuchsform oder Gruppierung hervorstechende Bäume beispielsweise sind erst in jüngerer Zeit zu Kraftorten geworden, bei denen sich die Menschen einer Region einfinden, die diesen Platz für sich entdeckt haben. Nichts Offizielles, keine Info-Flyer oder Führungen. Einfach ein Platz, der Menschen guttut. Wer das für sich bemerkt, nutzt es und sagt es vielleicht ein paar sensiblen Freunden weiter.

Außerdem gibt es dann noch die ganz persönlichen Kraftplätze, die nicht einmal eine besondere Schwingung aufweisen müssen, die aber einem einzelnen Menschen, einem Paar oder einer Familie etwas bedeuten. Orte, an denen man mit dem Liebsten ab und an Picknick machte. Plätze, an denen ein Kind zum ersten Mal selbstständig ein paar Schritte ging. Orte, an denen man mithilfe der Natur bemerken durfte: Jetzt geht es wieder aufwärts, meine Krise ist vorüber.

Lieblingsorte zu Kraftplätzen machen

Das Allerbeste ist: Du musst nicht warten, bis dir irgendwo in der Natur etwas Besonderes passiert, um dann dort einen Kraftplatz zu haben. Du kannst dir aktiv einen solchen Ort kreieren: zum Wohlfühlen und Auftanken, zum Seele-baumeln-Lassen, Botschaften-Empfangen und Natur-Freundschaften-Knüpfen.

Dafür brauchst du natürlich etwas Zeit. Die folgende Anregung kann dir helfen, einen guten Platz zu finden und die Atmosphäre dort immer weiter zu beleben, bis er zu einem Ort der Erholung für dich geworden ist. Nach einer Zeit kannst du die Reise zu deinem Platz sogar rein innerlich von zu Hause aus unternehmen – ein inspirierender Kurzurlaub direkt von der Stadt aus, wann immer du dich ein wenig urlaubsreif fühlst.

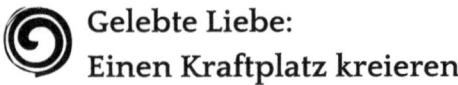

Gelebte Liebe:
Einen Kraftplatz kreieren

- Finde in der Natur einen Ort, der dir guttut. Vielleicht kennst du einen Platz, den du schon lange magst und zu dem du gern wiederkommst. Oder du unternimmst einen Spaziergang in einer Gegend, die dir gefällt, und hältst dort bewusst Ausschau nach »deinem« Platz. Er sollte rundum so sein, dass du dich dort gern aufhältst. Vielleicht etwas abgelegen, aber für dich dennoch gut zu erreichen. Er muss aber auch nicht versteckt sein, das Wohlfühlelement ist das Wesentliche.
- Wenn du deinen Platz gefunden hast, nimm dir die Zeit, ihn in Ruhe kennenzulernen. Setz dich dorthin, vielleicht willst du dich auch gemütlich hinlegen oder dich an einen dicken Baum anlehnen.
- Komm richtig an – bei dir und in der Natur, die hier lebt. Atme tief durch, spüre in deinen Körper hinein – in die Füße, die Beine, die Arme, den Rumpf.
- Begrüße nun die Wesen, die an diesem Platz leben. Das sind die Bäume, Sträucher, Gräser und Kräuter und all die anderen Pflanzen. Vielleicht gehört ein Gewässer dazu, ein See, Bach oder Fluss. Und bestimmt leben hier auch feinstoffliche Wesen, denn an schönen Plätzen sind sie immer zu finden. Du musst sie nicht wahrnehmen, aber du kannst dich darauf einstimmen, dass auch sie hier sind und dein Ankommen bemerkt haben. Begrüße also alle, die an diesem Platz leben. Bitte darum, dass du dir hier einen Kraftplatz etablieren kannst, den

du dann öfter aufsuchen möchtest, um dich zu erholen, die Natur zu genießen und anregende Inspirationen zu empfangen.

- Vielleicht spürst du, wie sich dein Herz öffnet, fühlst dich gestreichelt oder liebevoll umarmt. Vielleicht hörst du Worte in deinem Kopf oder das Zwitschern eines Vogels, das einladend klingt.

- Wenn du dich willkommen fühlst, kannst du diese Stelle nach und nach zu deinem Kraftplatz machen. Geh so oft du willst und Zeit hast dorthin. Genieße die Ruhe, die Natur, die Schönheit der Pflanzen, den Ausblick oder was auch immer dir hier besonders guttut. Komm zu dir, indem du hier ausspannst, mit den Wesen des Ortes kommunizierst und sie vielleicht auch ab und zu um Rat oder um genau die Kraft bittest, die du gerade benötigst.

- Geh respektvoll mit diesem Platz um. Behalte im Bewusstsein, dass du hier Gast bist. In der Haltung, die daraus entsteht, wirst du sehr viel von deinem Platz haben. Wenn du wirklich einen Kraftplatz wünschst, solltest du am ausgewählten Ort möglichst keine allzu alltäglichen Dinge tun wie lange Plaudereien am Telefon oder Spielchen mit dem Handy. Nutze die Ausflüge an deinen Kraftort, um für eine Zeit alles hinter dir zu lassen und ganz zu dir und in deine Kraft zu kommen.

- Wenn du den Platz verlässt, ist es schön, sich zu verabschieden und zu danken.

Ein Kraftort wird immer stärker, je öfter du ihn aufsuchst, um dort in die Stille, in die Meditation, in die Innenwelten einzutauchen. Eine Kirche, in der seit Langem viel gebetet wird, fühlt sich ja auch sehr viel kraftvoller an als eine, in der niemand wirklich Zwiesprache mit dem Göttlichen hält.

Hast du einmal einen solchen Ort für dich gefunden und mit Kraft aufgeladen, kann er dir in allen möglichen Lebenssituationen helfen. Einfach, weil du immer wieder dorthin zurückkehren kannst, um Kraft und Rat zu finden. Ein schönes Ritual ist es, einen Herzensweg zu diesem Kraftplatz führen zu lassen, einen Weg, den du dafür kreierst und in dir verankerst.

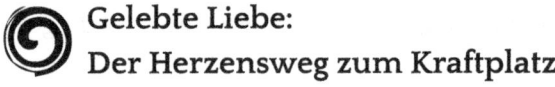 **Gelebte Liebe:**
Der Herzensweg zum Kraftplatz

- Such deinen Kraftplatz auf und spüre bewusst nach, welche Energie sich hier für dich so wunderbar kräftigend, erdend, beruhigend oder auch erheiternd anfühlt. Nimm diese Energie ganz genau wahr und nimm sie intensiv in deinen Herzraum auf.
- Geh dann einige Schritte von deinem Platz weg bis zu einem Punkt, der schon nicht mehr direkt dazugehört, sondern zum Bereich des für dich Alltäglichen. Lass dort gedanklich so etwas wie einen Eingang oder Weganfang entstehen.
- Dreh dich zu deinem Kraftplatz hin um und tritt ganz bewusst durch den imaginären Eingang. Geh nun ganz langsam den Weg zu deinem Platz. Achte dabei auf alle

Details um dich herum, sodass du dir diesen Weg zu deinem Kraftplatz mit all seinen Objekten am Rand, mit seiner Energie, dem Wechsel der Atmosphäre, einfach mit allem Markanten einprägst. Dies kannst du natürlich mehrfach tun, mehrfach hintereinander oder immer wieder neu, wenn du hier zu Besuch bist. Vielleicht entdeckst du dabei immer wieder etwas Neues.

- Komm am Ende dieses Herzensweges bei deinem Kraftplatz an. Spüre dort noch einmal bewusst die nährende Energie und nimm sie in dein Herz auf, damit sie in dir verankert bleibt.
- Wenn du den Platz verlässt, geh ebenso bewusst den Weg in den Alltag zurück.

Der Herzensweg, der zu deinem Kraftplatz führt, wird sich irgendwann so stark verinnerlicht haben, dass du ihn imaginär auch vom heimischen Sofa aus gehen kannst oder spontan in einer Lebenssituation, in der du Kraft und Unterstützung brauchst. Jedes Detail wird dir helfen, an die Naturkraft anzudocken. Diese bewusste Verbindung von erinnerter Atmosphäre, Stille und Harmonie unterstützt dich dabei, dich zu erden und in dir selbst zu verankern. Der Kraftplatz wird dir dann die gewünschte Kraft spenden, wann immer du sie im Alltag brauchst.

Eine andere Übung zur Verankerung, bei der nicht die Natur im Vordergrund steht, bezieht mehrere Sinne und Ebenen mit ein. Auch mit ihr kannst du besonders kraftvolle Momente in dir verankern, um in schwierigen Momenten darauf zurückgreifen zu können. Diese Übung kannst du auch an deinem Kraftplatz ausführen, wenn du dich einmal so richtig wohl und geborgen fühlst. Aber auch allgemein dann, wenn es dir sehr gut geht, du dich geerdet, ruhig, zentriert und einfach kraftvoll fühlst. Du selbst in deiner allerbesten Verfassung.

Diese Übung scheint uns eine der ganz wesentlichen zu sein. Wie bei einem alten Ritual bauen sich hier durch die Wiederholung große Kräfte auf. Einem starken positiven Gefühl wird eine Ausdrucksform gegeben, die tief im eigenen Inneren verankert und so für den Alltag abrufbereit gemacht wird. Die wiederholt gesetzten Signale prägen sich bis ins Zellgedächtnis des Körpers und tief in die Psyche ein. Wann immer sie erneut gesetzt werden, ist das ursprüngliche Gefühl der Kraft und Zentriertheit präsent. Im Laufe der Zeit wirst du dann immer sicherer und stabiler Zugang zu deiner inneren Stärke haben.

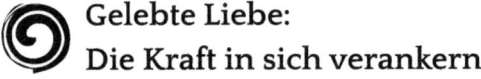 **Gelebte Liebe:**
Die Kraft in sich verankern

Sobald du dich vollkommen bei dir und in deiner Kraft, voller Dankbarkeit und All-Verbundenheit fühlst, kannst du diesen Zustand in dir verankern, um ihn später wieder abrufen zu können. Nimm dafür diesen momentanen Zustand mit allen Sinnen so tief wie möglich wahr. Spüre, wie es dir geht, und genieße es zutiefst.

Wähle nun drei Dinge aus, die du mit diesem Zustand aktiv verbinden willst. Es sollten drei Dinge sein, die auf unterschiedliche Ebenen gehören, die also beispielsweise

Körper, Geist und Stimme einbeziehen und nicht alle nur zum Kopf gehören. Dies könnte sein:

· eine Geste mit den Händen, wie ein Mudra,
· eine Körperhaltung,
· ein bestimmtes Atemmuster,
· ein inneres Bild oder Symbol,
· eine Farbe,
· ein Wort oder Satz, ein Mantra,
· eine Melodie oder ein Geräusch.

Bleib in dem wundervollen Gefühl des Momentes und nimm nacheinander ganz in Ruhe die drei Anker hinzu, für die du dich entschieden hast: Singe die Melodie, sage das Mantra, nimm die Körperhaltung oder das Mudra ein, visualisiere die Farbe – oder was auch immer du gewählt hast. Verbinde diese drei Dinge bewusst mit dem gegenwärtigen guten Gefühl.

Es empfiehlt sich, diese Anker regelmäßig zu nutzen, um sie wirklich tief im eigenen Inneren zu etablieren. Dafür kannst du beispielsweise jeden Morgen diese drei Anker anwenden – also das Mantra singen, die Haltungen einnehmen, die Farbe visualisieren, das Wort sagen – und dabei den kraftvollen Moment in seiner Essenz wieder heraufbeschwören. Das kann ein schönes Morgen- oder auch Abendritual werden. Es geht dabei nicht darum, sich gedanklich an die Gegebenheiten dieses schönen Augenblicks zu erinnern, sondern die grundlegende Stimmung, in der du damals warst, neu zu erleben und zu einem Grundlebensgefühl zu machen. Die Anker können dich dabei kraftvoll unterstützen. Und sie helfen dir auch, wenn du dich mal nicht so toll fühlst und gern wieder an etwas Gutes erinnert werden willst. Wenn du ausreichend mit den Ankern geübt hast, werden sich Körper und Psyche allein dadurch an die heilsamen Qualitäten erinnern, dass du wieder deine Geste, die Haltung oder die Worte oder Melodie nutzt. Sie sind zu deiner Medizin geworden.

Zum Abschluss: Der Dank

Wann immer du mit geistigen Kräften arbeitest, mit Naturwesen oder -energien, wann immer du betest oder bittest, meditierst oder eine Botschaft erhältst – der Dank sollte den selbstverständlichen Abschluss bilden. Meist kommt er auch spontan aus dem Herzen, das sich geöffnet hat und tief berührt wurde. Welche Form der Dank annimmt, ist ganz individuell. Hier kannst du deine Kreativität entfalten. Traditionell gaben die Schamanen oft Tabak oder Speisen an die geistige Welt weiter. Das ist heute ebenso möglich. Oder du gibst der Natur oder bestimmten Wesen deinen Segen. Du kannst auch ein paar Krümelchen Brot für die Ameisen ausstreuen oder bei einer Bergtour dein Picknick mit den Alpendohlen teilen. Du kannst zum Dank ein Lied singen oder auch ganz einfach fragen, was sich die Natur, mit der du gerade zu tun hast, wünscht.

Es kommt bei dem Dank nicht darauf an, dass großartige materielle Gaben ausgeteilt werden. Es kommt darauf an, dass du in deinem Herzen den Dank wirklich spürst und bereit bist, für das Erhaltene auch etwas zu geben. Das kann sogar ein Haar sein, das du dir ausrupfst, oder ein Schluck aus deiner Wasserflasche, den du über den Boden gibst. Mit einer solchen Geste machst du nicht zuletzt dir selbst bewusst, dass du dich als Teil der Natur erlebst, als Teil des Ganzen, zu dem jedes noch so kleine Teilchen, das existiert, ebenso dazugehört. Ob du es wahrnehmen kannst und kennst oder nicht. Wir alle sind eins und erleben das in den Momenten der Verbundenheit mit der Natur besonders intensiv. Denn ohne sie ist kein Leben möglich, auch das unsere nicht. Die Antwort darauf kann nur staunende Dankbarkeit sein.

So kehren wir nun mit all dem, was wir in der Natur erlebt und ausprobiert haben, in die Stadt zurück. Und lassen uns überraschen, wie sich die in uns jetzt angelegten Samen dort entfalten werden.

Die Stadt als Ort der Kraft

Die Mehrzahl der Menschen heute lebt in Städten. Von den Städten geht der Großteil der Innovationen aus – und zugleich kann es sein, dass man sich in einer Stadt schneller entfremdet fühlt und den Bezug zur Natur gänzlich verliert. Die Lebendigkeit – die eigene ebenso wie die der Welt ringsherum – wird nicht mehr wahrgenommen.

Jede Stadt, ob beschaulich klein oder metropolenhaft riesig, ist ein bunter Tummelplatz für die vielfältigsten Qualitäten, die das heutige Leben ausmachen. Gebäude aus unterschiedlichen Epochen und für alle denkbaren Zwecke säumen die Straßen, schön oder pragmatisch, prachtvoll oder schlicht, verspielt oder rein funktional. Es gibt unzählige Menschen, die ihre Individualität mehr oder weniger ausgeprägt leben und den normalsten oder verrücktesten Tätigkeiten nachgehen; viele Künstler, die uns inspirieren. Es gibt kommerzielle Angebote der gebräuchlichsten und der ungewöhnlichsten Art. Es gibt mehr oder weniger zahlreich Pflanzen und Bäume, Rasenflächen, Parks und – oft vergessen – viele wild lebende Tiere: Vögel, Eichhörnchen, Marder, Füchse, ja sogar Wildschweine, wie in Berlin, wo sie offenbar besonders zahlreich sind.[6]

Unsere Lebensrealität ist eine enorme Vielfalt und gerade damit für uns die Aufforderung, selbst auch all das zu leben, was in uns steckt, was uns anzieht, was uns freut, wonach unsere Seele ruft. Wir wollen nun all die Grundlagen, um die es im letzten Kapitel ging, mitten in die Stadt, mitten in unser modernes Leben bringen. Jetzt gehen wir hinaus auf die Straßen und Plätze und sehen uns mit einem neuen Blick auf die Realität um, die plötzlich aus viel mehr Ebenen besteht.

Die Stadt neu entdecken – voller heilsamer Naturkräfte

Die Weisen vieler spiritueller Traditionen waren und sind Mittler zwischen den Welten, zwischen dem Geistigen und dem Irdischen, zwischen dem Atmosphärischen und dem Materiellen. Heute braucht es uns alle als Brückenbauer, zum Beispiel auch zwischen Stadt und Natur. Denn was zunächst wie der Gegensatz schlechthin anmutet, ist bei näherer Betrachtung doch verbunden – und es braucht diese Verbundenheit mehr denn je.

Städte – gebaut auf Natur

Über Jahrtausende war das Leben im Einklang und in enger Verbindung mit der Natur für den Menschen selbstverständlich. Heute ist sie für uns in den Hintergrund gerückt – aber sie ist dennoch da: im Boden, auf dem die Häuser stehen, unter dem Straßenpflaster, in all den Bäumen und Sträuchern, in Parks und Rasenflächen, Vögeln und Tieren und nicht zuletzt auch in fast allem, was wir essen. Die ganze Stadt baut auf Natur auf, denn alles Materielle, was es auf der Erde gibt, kommt ursprünglich aus der Natur. Selbst unser Körper ist Natur. Bevor sich die Menschheit so rasant vermehrte, gab es nichts als Landschaften. Die Siedlungen, Dörfer und später auch Städte wurden mitten in die Natur gebaut und haben die Atmosphäre der Orte stark verändert.

Unsere Vorfahren haben ihre Städte dort gebaut, wo sie sich wohlfühlten, wo sie sich gut versorgen und auch halbwegs sicher fühlen konnten. Alles begann mit einem ersten Häuschen, dem weitere folgten. Zwischendurch gab es Brände, dann wurde wieder aufgebaut. Das Zentrum war häufig ein Kraftplatz. Dort traf man sich, dorthin kam später die Kirche, dort stand auch meist ein Brunnen, dazu ein alter Baum, oft eine Linde, die zum Rasten oder zu Dorffesten einlud. Das für die Menschen Wesentliche also war im Zentrum: Religion, Gebet, Andacht, geselliges Miteinander.

Die Zeiten wandelten sich, die Zentren unserer heutigen Städte sind meist Shoppingmeilen. Vielleicht ein Sinnbild dafür, was bei uns heute vor allem anderen zählt: Konsum und das Ankurbeln der Wirtschaft? Mittlerweile allerdings gibt es die Befürchtung, dass die Stadtzentren diese Funktion verlieren, da die Menschen zunehmend übers Internet einkaufen. Nach und nach verschwinden Geschäfte, zuerst die kleinen, dann die großen und die Ketten. Das ist einerseits bedauerlich, denn gerade die kleinen individuellen Läden gehören zumindest für uns unbedingt zum Zentrum einer Stadt. Andererseits würden die Herzen der Städte nun allmählich wieder frei für andere Funktionen, für etwas Neues, das uns wichtig ist. Was könnte das heute sein?

Mit wachen Sinnen die Stadt neu erleben

Wie auch immer deine Stadt aufgebaut ist, es gibt viel Natur. Mehr, als du vermutlich glaubst. Und sie geht weit über Baum und Eichhörnchen, Park und Sperling am Imbissstand hinaus. Bleiben wir zunächst einfach beim Grün: Du kannst ja mal mittels Google-Earth über deine Stadt fliegen und schauen, wie grün sie tatsächlich ist. Nicht überall, aber im Ganzen sicherlich schon. Oder du spazierst durch ein Viertel und achtest einmal nur darauf, wie viel Natur sich darin versteckt.

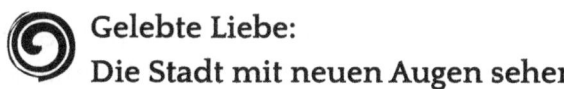

Gelebte Liebe:
Die Stadt mit neuen Augen sehen

Es gibt viele Möglichkeiten, wieder einen ungetrübten, frischen und wachen Blick auf die eigene Stadt zu erlangen, auch wenn man über die Zeit ein wenig betriebsblind geworden sein sollte.

- Fahre zum Bahnhof oder geh an eine Bushaltestelle und stell dir vor, du seist ein Tourist, der zum ersten Mal in die Stadt gekommen ist. Spaziere los und erkunde die

Stimmung. Schau dich um wie ein Kind, staunend, mit offenen Augen und Ohren. Wie gefällt dir die Stadt? Wie viel Grün entdeckst du? Wie wirken die Menschen auf dich?

- Fahre mit Bus oder Bahn in ein Viertel deiner Stadt, das du nicht so gut kennst. Streune dort ziellos durch die Straßen und Gassen. Lass zu, dass du dich sogar verläufst. Schlendere genüsslich umher und erkunde deinen Wohnort mit neuen Augen, den Fokus auf die Natur gerichtet.
- Auch die Menschen kannst du mit neuen Augen anschauen. Du könntest dich zum Beispiel in der U-Bahn beim Anblick der wechselnden Mitfahrenden fragen: Wer ist aus meiner Sicht naturverbunden, wer nicht? Nach einer Zeit kannst du reflektieren: Wie viele Naturverbundene leben hier in der Stadt? Und: Was sind eigentlich die Kriterien, an denen ich die Naturverbundenheit zu erkennen meine?

Stadt ist nicht nur Stadt, sie ist Stadt mit Natur. Ein Löwenzahn mag sich zwischen zwei Betonplatten hindurchringen – gerade das ist Natur! Ein Baum mag klein, dürr und krumm sein, weil er einfach nicht mehr Platz hat oder nur wenig Licht abbekommt. Aber so wie es Bäume in den unterschiedlichsten Größen, Gestalten und Charakteren gibt, so auch uns Menschen. Die Natur wertet nicht. Alles, was da wachsen will, bekommt die gleichen Gesetze zur Grundlage seines Daseins. Und die einen haben bessere Bedingungen als die anderen. So haben auch wir Menschen völlig unterschiedliche Startpositionen in unser Leben: die genetische Disposition, das Elternhaus, Kriegs- oder Friedenszeit, die Region, die vielen Erwachsenen, die das Kind prägen, und so weiter. Auch wenn es heute beliebte Vorlagen für das Schöne und Reiche gibt – warum sollten wir sie uns zum Maßstab machen? Es wirkt ungeheuer erleichternd, sich bewusst zu machen, dass man aufgrund mannigfaltiger Umstände so geworden ist, wie man ist. Vielleicht fühlt sich jemand ein wenig wie der krumme, dürre Baum im Hinterhof. Und staunt dann im Frühjahr, wenn er wunderschöne Blüten entfaltet.

Den Naturbegriff erweitern

Über eine längere Zeit beobachtete ich (Franziska), dass mein Leben irgendwie mit dem Mondrhythmus verbunden war. Immer, wenn er wieder als kleine, schmale, zunehmende Sichel zu sehen war, war etwas geschafft, war eine Herausforderung gemeistert oder konnte etwas Neues beginnen. Diese schmale helle Sichel am Himmel wurde mit der Zeit für mich ein Zeichen, das mich berührte und stärkte. Den Mond so zu sehen erinnert mich bis heute daran, wie sehr alles einem Wechseln und Wandeln unterliegt, und dass auch das Leben eines jeden von uns bestimmten Zyklen unterworfen ist. Sie enthalten sicherlich zeitweise auch Schwieriges, aber wir können uns vom natürlichen Rhythmus ein wenig tragen lassen.

Für mich (Vera) ist es eher das Bild der aufgehenden Sonne, das Trost bringt. Richtig bewusst wurde mir das, als ich mit einer Gruppe Frauen auf einen heiligen Berg steigen wollte. Noch vor dem Morgengrauen ging es los – und eine Frau hatte schreckliche Angst, in der Dunkelheit zu stürzen. Ich half ihr beim Gehen und machte ihr Mut: »Wir können ganz langsam gehen. Was auch immer wir machen, selbst wenn wir hier stehen bleiben, bald geht die Sonne auf und es wird wieder hell.« Und: Sie tut es überall auf der Erde, auch mitten im finstersten Viertel einer Großstadt geht jeden Morgen die Sonne auf.

Die Natur ist da, mit ihren Rhythmen, ihrer Beständigkeit, ihrer Kraft, die unsere weit überragt. In den Pflanzen, in den Tieren, im Boden unter unseren Füßen, als Blume in der Vase und als Stern, Mond oder Sonne am Himmel. Überall können wir uns mit der Urkraft des Lebens verbinden und darüber zu unserer eigenen Kraft zurückfinden.

Nicht zuletzt auch beim Essen: Nimm dir bei einer Mahlzeit doch mal die Zeit, dein Essen etwas genauer zu betrachten. Lass es auf dich wirken, betrachte es neugierig, seine Farben und Formen, die einzelnen Bestandteile. Geh bei den einzelnen Grundnahrungsmitteln in Gedanken zurück: Woher stammen die Dinge? Welchen Weg mussten sie teilweise bis hierher zurücklegen? Wie viele Wesen und Menschen waren daran beteiligt, dass sie heute auf deinem Teller liegen? Wie viel Natur ist in dieser einen Mahlzeit enthalten? Wenn du willst, kannst du all den Beteiligten danken und sie segnen, bevor du zu essen beginnst. Mit einer solchen Reflexion bist du sofort mit der Natur verbunden und spürst, wie sehr du Teil von allem bist.

Parallelwelten in deiner Stadt

Falken, Füchse, Hasen, Marder, Wildschweine in Berlin, ein Uhu im Englischen Garten in München. Sie alle werden im Alltag kaum bemerkt, aber es ist auch ihre Stadt. Sie wohnen dort ebenso wie wir Menschen. Sie haben sich angepasst, haben sich eingerichtet, kommen mehr oder weniger gut zurecht. Alle möglichen Zivilisationsfolger haben sich nicht in die letzten ungestörten Naturrefugien verzogen, sondern sind den Menschen ins Urbane nachgekommen, wo sie bessere Futter- und Lebensbedingungen vorfinden. Nicht immer lieben wir sie, denn unsere Bedürfnisse passen oft nicht so recht zusammen.

Aber sie sind da – es ist das Nebeneinander paralleler Welten: Wir leben unsere Zivilisation. Die Tiere ihre Natur. Die meisten begreifen die Gesetze des Straßenverkehrs einfach nicht, doch sie weichen uns überall im Leben so gut wie möglich aus. Auch sie sehen die Stadt als ihren Lebensraum an, an den man sich bestmöglich anpassen muss. Gerade die Anpassungsfähigkeit ist etwas, das wir uns von ihnen abschauen können.

Mit solchen »Parallelwelten« lässt sich auch sehr gut spielen, um den Kopf freizubekommen und aufzutanken. Vom Balkon oder der Parkbank aus kannst du ganz in die Natur eintauchen. Ich (Vera) sitze in der Mittagspause gern auf dem Balkon zum Hinterhof meiner Praxis. Ich schau mir die alte Linde an, die Rinde, die Äste, die Blätter – und wenn ich ganz ruhig werde, höre ich die Vögel singen, ich nehme wahr, wie sich das Licht im Laub verändert, viele unterschiedliche Grüntöne werden sichtbar. Ich lasse meine Seele baumeln und entspanne Körper und Geist.

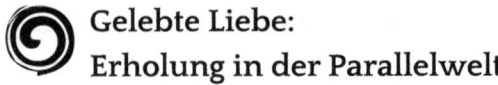

Gelebte Liebe: Erholung in der Parallelwelt

- Setz dich am Abend oder in der Mittagspause auf deinen Balkon oder eine Bank und lass den Alltag für ein paar Minuten hinter dir.
- Wenn du den Himmel siehst, beobachte, ob ein paar Wölkchen vorüberziehen – und gib ihnen all deine Alltagsgedanken mit.
- Schau dich um, ob du einen Baum mit ein paar Meisen oder ein paar Amseln entdecken, ein Eichhörnchen oder, wenn du sie magst, eine Taube. Beobachte sie ein wenig und folge ihnen in ihre Welt, so wie du sie dir vorstellst. Imaginiere einen ruhigen Ort, an dem diese Tiere leben, spielen, sich ihr Futter suchen, ihren Nachwuchs großziehen.
- Während du ganz in diese parallele Welt eintauchst, kannst du die Vögel zwitschern hören, ein paar Bäume oder Büsche betrachten, die Sonne auf der Haut spüren. Erholung pur.

Bäume mögen den meisten Menschen sehr vertraut sein, einfach weil sie eine Konstante im Leben sind, ob wir uns das bewusst machen oder nicht. Wenn wir Bäume jedoch ganz neu und wie zum ersten Mal betrachten, können sie uns durchaus fremd erscheinen. Sie stehen immer an der gleichen Stelle und werden teilweise gewaltig groß. Als biologische Lebensform sind sie der unseren nicht sehr nah. Und dennoch fühlen sich viele so wohl in ihrer Gegenwart, dass man annehmen darf, es gibt eine tiefere Verwandtschaft. Mit der folgenden kleinen Übung kannst du dein Bewusstsein für Fremdheit und Vertrautheit schulen und dich innerlich immer mehr für andere Perspektiven auf das Leben öffnen.

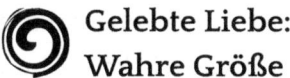

Gelebte Liebe: Wahre Größe

- Such einen Baum in der Stadt und schau zu ihm hinauf. Nimm seine enorme Größe wahr und spüre, wie klein du im Gegensatz zu ihm bist.
- Mach dir vielleicht auch bewusst, wie anders der Baum lebt als du – und dass ihr beide doch den Lebensraum miteinander teilt. Vielleicht steht er schon sehr lange an seinem Platz und beobachtet die Welt um sich her ...
- Dank dem Baum und der Natur deiner Stadt dafür, dass sie da sind.

Kraftorte – auch urban

»Die Vorstellung von Kraftorten, an denen die Mauern und Gesetze der vergänglichen Welt sich auflösen, um Wunder zu enthüllen, ist wahrscheinlich so alt wie die Menschheit selbst«, sagt Joseph Campbell.[7] Meist vermutet man Kraftorte in der Natur. Die Mehrzahl dieser Plätze mit einer besonders wohltuenden Schwingung wird sich in der Tat auch »draußen« befinden. Aber natürlich gibt es sie auch in den Städten –

nicht zuletzt, weil man die frühen Ortschaften gern auf oder in der Nähe solcher Plätze gebaut hat. Die Nutzung von Orten für rituelle oder kulturell hochstehende Zwecke hat die Energie dort über die Zeit zusätzlich spürbar angehoben. So sind einige Kirchen bis heute echte Kraftorte.

Bauwerke, die Kraft spenden

Architektur und Gestaltung selbst haben ebenfalls einen großen Einfluss auf die Energie. So etwas wie Feng Shui oder Vastu kannte man früher auch im mittleren Europa, sodass man insbesondere sakrale Bauten so konzipieren konnte, dass die Energie optimal floss. Auch in Museen mit bestimmten hochschwingenden Gemälden ist die Energie wohltuend. Oder in manchen Opernhäusern wie der Dresdner Semperoper, wo der Besuch natürlich wegen der Aufführungen lohnt, aber nicht zuletzt auch deshalb, weil der Saal eine so belebende und erhebende Energie hat. Durchstreife deine Stadt einmal im Hinblick auf Kultur-Kraftplätze und lass dich von ihnen vitalisieren und inspirieren.

Das geht durchaus auch im Bereich der Popkultur. So entstand in München nach dem Tod von Michael Jackson ein Kraftplatz der besonderen Art: Fans des Künstlers haben ein Orlando-di-Lasso-Denkmal mitten in der Stadt einfach umfunktioniert und nach und nach in eine Erinnerungsstätte für ihren Pop-Giganten verwandelt. An solchen Plätzen schlägt das Herz einer bestimmten Gruppe von Menschen. Ihre Energie manifestiert sich hier und kann sich auf andere übertragen. An all solchen Orten – ob klassisch oder Pop – kann auch die Stille, von der wir eingangs viel gesprochen haben, wieder hörbar werden.

Gelebte Liebe: Die Stille erleben – an einem Lieblingsort in der Stadt

- Begib dich an einen Platz in der Stadt, den du magst: ein Park, ein Friedhof, ein Baum in der Fußgängerzone, ein Denkmal, ein historischer Ort, ein Museum oder auch ein Theatersaal kurz vor Vorstellungsbeginn.
- Stell oder setz dich möglichst bequem hin und atme einige Male tief durch. Werde dir deines Körpers bewusst. Spüre deine Füße und die Art, wie du stehst oder sitzt. Nimm deine Haltung wahr und atme in deinem eigenen Rhythmus ruhig weiter ein und aus. Das alles geht ganz unauffällig, das wird niemand bemerken.
- Nun beginne zu lauschen, einfach nur in die Umgebung oder den Raum hineinzuhören und die Stille wahrzunehmen, die auch dann da ist, wenn es Geräusche gibt.
- Wenn es in deinem Kopf noch etwas unruhig ist, hilft es manchmal, kurz die Luft anzuhalten und aufmerksam dafür zu bleiben, was passiert. Lausche gleichzeitig weiter in die Stille um dich herum.
- Entspanne deinen Körper und spüre die Stille hinter allen Dingen.
- Spüre diese Stille nun auch in dir selbst, in jeder deiner Zellen. Lass die Stille tief in deinen Körper einsinken. Spüre nach, wo du sie besonders gut oder angenehm wahrnehmen kannst.
- Wenn du durch irgendetwas abgelenkt oder gestört wirst, nimm es einfach wahr. Und bemerke auch, dass die Stille davon nicht beeinträchtigt wird. Die Stille

bleibt weiter da, auch wenn du zwischenzeitlich von den Geräuschen abgelenkt wirst und das Dahinter nicht mehr bemerkst.

- Wenn du nach einer Weile wieder in dein Alltagsbewusstsein zurückkehrst: Bewahre dir ein bisschen von der Stille und der inneren Ruhe. Schau dich um: Wie wirkt die Stadt oder der Raum jetzt auf dich?

Der verinnerlichte Kraftplatz

Vielleicht besuchst du ja von Zeit zu Zeit deinen Kraftplatz in der Natur, um dort aufzutanken und durchzuatmen. Wenn du einige Male dort warst, sodass er wirklich zu deinem Kraftort geworden ist, kannst du seine nährende oder beruhigende Qualität auch direkt von der Stadt aus oder von überall da, wo du gerade bist, nutzen. Am besten geht das über den sogenannten Herzensweg: Wir hatten im Kapitel »Lieblingsorte zu Kraftplätzen machen« angeregt, den Weg zu deinem Natur-Kraftplatz in allen Details zu verinnerlichen. Immer und immer wieder, bis er wirklich ein Teil von dir geworden ist.

Genau diesen Weg kannst du nun im Alltag in deiner Vorstellung wieder gehen. Schritt für Schritt. Du erinnerst dich dabei an alles, was diesen Weg ausmacht: an einzelne Bäume, vielleicht einen Zaun oder eine Wurzel, über die du steigen musst, was auch immer zu deinem Herzensweg gehört. Spüre, lausche, rieche, nimm deinen Weg mit allen Sinnen wahr. Schließlich kommst du in deiner Vorstellung an deinem Kraftplatz an, setzt dich nieder und genießt die Energie, wegen der du diesen Ort so liebst. Eine solche innere Übung kann zu den unterschiedlichsten Gelegenheiten hilfreich sein: Du kannst sie auf dem Weg zur oder von der Arbeit in der Straßenbahn oder in der S-Bahn machen, ebenso zur Vorbereitung auf einen wichtigen Termin. Sehr gut eignet sie sich auch abends, um zur Ruhe zu kommen, besonders wenn du Einschlafschwierigkeiten hast. Der langsame achtsame Gang deines Herzensweges führt dich aus dem alltäglichen Stress und deinen Gedankenwelten in die Stille der Natur und in deinen eigenen Körper.

Der persönliche Kraftplatz mitten in der City

Selbstverständlich kannst du dir auch mitten in der Stadt einen Kraftort kreieren. Es könnte dann sogar dein Mittagspausen- oder Freitagabend-Ritual werden, dort zu entspannen, Kraft zu tanken und vielleicht ein aufbauendes Schwätzchen mit einem Baum oder Busch zu halten.

 **Gelebte Liebe: Bewusstsein und Ausdauer – so entsteht ein neuer Kraftort**

- Wähle einen Platz in der Stadt, der dir guttut. Vielleicht kennst du einen Platz, den du schon lange magst und an dem du dich gern aufhältst. Fällt dir nichts ein? Dann unternimm einen Spaziergang, um deinen Platz zu entdecken. Du solltest dich dort rundum wohlfühlen. Und natürlich ist es sinnvoll, einen zu wählen, den du auch gut erreichen kannst.
- Wenn du deinen Platz gefunden hast, nimm dir die Zeit, ihn in Ruhe kennenzulernen. Setz dich dorthin,

wenn das möglich ist, und komm richtig an – bei dir und an diesem Platz. Wenn andere Menschen hier sind, kannst du sie einfach als Teil dieses Ortes wahrnehmen. Bleibe bei dir. Atme tief durch und spüre in deinen Körper hinein – in die Füße, die Arme, den Rumpf.

- Begrüße nun diesen Platz und wenn du willst, auch die Wesen, die hier leben. Schau dich um, was es alles hier gibt. Vielleicht einige Bäume oder Sträucher, vielleicht Gebäude, ein Springbrunnen, ein Denkmal. Vögel und Insekten. Bestimmt gehören auch feinstoffliche Wesen dazu. Du kannst dir vorstellen, dass auch sie hier sind und dein Ankommen bemerkt haben. Begrüße also alle, die hier an diesem Platz leben. Bitte darum, diesen Ort als deinen Kraftplatz nutzen zu dürfen, den du dann öfter aufsuchen möchtest, um dich aufzutanken und zu inspirieren.

- Lausche, ob du eine Antwort empfängst. Vielleicht spürst du, wie sich dein Herz öffnet, fühlst dich gestreichelt oder liebevoll umarmt. Vielleicht hörst du Worte in deinem Kopf oder das einladende Zwitschern eines Vogels. Vielleicht hörst du einen Gesprächsfetzen von vorüberziehenden Passanten, der dir die Antwort gibt.

- Lass den Ort nach und nach zu deinem Freund werden. Geh so oft du willst und Zeit hast dorthin. Genieße das, was dir dort gefällt, und erforsche tiefer, was hier alles wahrnehmbar ist und was dir guttut. Komm zu dir, indem du hier ausspannst, mit den Wesen des Ortes kommunizierst und sie vielleicht auch ab und zu um Rat oder um genau die Kraft bittest, die du gerade benötigst. Es ist sehr vieles möglich.

- Geh auch in der Stadt immer respektvoll mit einem Kraftplatz um. Du kannst dir überlegen, ob du hier alltägliche Dinge machen möchtest wie Plaudereien am Telefon oder die Organisation in deinem elektronischen Kalender. Oder du nutzt die Ausflüge an deinen Kraftort ausschließlich dafür, um für kurze Momente alles hinter dir zu lassen und ganz zu dir, zur Ruhe und in deine Kraft zu kommen.
- Wenn du den Platz verlässt, ist es schön, sich zu verabschieden und zu danken.

So ein neu etablierter Kraftplatz, der über eine längere Zeit besucht und dessen Energie mit Achtsamkeit aufgeladen wird, ist ein sehr hilfreicher Anker im Alltag und erdet dich für alle möglichen Herausforderungen des Lebens. Du wirst über die Zeit sicherlich beobachten können, wie er sich verändert. Natürlich wandelt sich dein Blick auf diesen Ort, den du immer besser und intensiver kennenlernst. Aber auch er selbst verändert sich aufgrund der liebevollen Energie, die ihm zuteilwird, wenn du dort mit der geistigen Welt kommunizierst, einen geistigen Gefährten einlädst oder meditativ der Stille hinter allen Dingen lauschst, wenn du betest und dankst oder einfach dein Herz überfließen lässt. Je mehr du diesem Platz gibst, umso mehr wirst du von ihm erhalten. Und seine immer kraftvollere Ausstrahlung wird sich natürlich auch auf die anderen Menschen auswirken, die hier entlangkommen.

Den Geist der Stadt entdecken

Zu manchen Städten haben wir eine ganz besondere Beziehung, eine emotionale Bindung und eine tiefe Vertrautheit. Sind es Heimatstädte oder Orte, an denen wir sehr lange gelebt haben, verbindet uns damit natürlich sehr viel Persönliches. In anderen Fällen ist eine Sympathie wie die zu einem anderen Menschen da, obwohl wir die Stadt gar nicht so gut kennen und vielleicht zum ersten Mal dort sind.

Schamanen ehren seit jeher den Platz, an dem sie sind. Sie verbinden sich dabei auch mit dem Geist dieses Ortes, um ihm zu danken und ihm ihren Respekt zu zollen. Davon ausgehend, dass alles beseelt ist, kannst du es ihnen nachempfinden und auf der geistigen Ebene mit der Stadt selbst Kontakt aufnehmen und ihr Wesen, ihren Geist, den genius loci kennenlernen. Sehr stark empfinden durfte ich (Franziska) das vor einiger Zeit auf Malta, als ich für ein paar Wochen in Valletta lebte. Ich genoss eine kleine Auszeit, bummelte viel durch die Hitze der Stadt und saß abends auf »meiner« Dachterrasse mitten zwischen anderen Dachterrassen unterm sternenklaren Himmel. Ich war sehr glücklich, so eine ruhige, genussvolle Zeit erleben zu dürfen. Ich liebte diese alte Stadt mit ihrer sehr wechselvollen Geschichte. Und während eines Abends mein Herz vor Dankbarkeit überlief, konnte ich ihn spüren: den Geist der Stadt, der sich – so nahm ich es wahr – bei mir dafür bedankte, dass ich ihm so achtsam und wertschätzend begegnete. Es ist schwer zu beschreiben, aber bis heute erinnere ich diesen Moment als unendlich freudvoll, kostbar und wichtig für mich. Als hätte ich einen Freund, eine Freundin gewonnen.

Wenn diese Zeilen etwas in dir zum Klingen bringen, probier es aus. Du weißt sicher genau, mit welcher Stadt du dich tiefer verbinden möchtest – deine Heimatstadt, dein aktueller Wohnort, eine Stadt aus deiner Jugend- oder Studienzeit, ein besonderer Urlaubsort. Du kannst ihren Geist auch erspüren und mit ihm in einen Austausch treten, wenn du momentan gar nicht dort bist. Und wenn du ihm in deinem Herzen begegnest und es sich gut für dich anfühlt, kannst du ihn auch fragen, was er sich für die Stadt wünscht, was du für die Stadt tun könntest. Vielleicht möchte er ein Lied an einem bestimmten Ort, ein paar Blumen an einer bestimmten Stelle oder eine Reinigung mit Salbeirauch?

Mittlerweile siehst du deine Stadt sicherlich mit anderen Augen. Da sie nun dein Feld für tiefere Erfahrungen geworden ist, kannst du auch anfangen, sie als Ganzes wie einen Kraftplatz zu behandeln und dich immer wieder an ihre geistige Ebene zu erinnern. Das kann beispielsweise heißen, dass du sie begrüßt, wenn du von einer Urlaubs- oder Geschäftsreise zurückkommst oder auch morgens, wenn du zum ersten Mal das Haus verlässt und auf die Straße trittst. Wenn du dir angewöhnst, den genius loci zu beachten, wird sich das ganz sicher auf dein Lebensgefühl in dieser Stadt auswirken. Dein Eintauchen in die »zweite Bewusstseinsebene« schafft auch auf diese Weise eine Verbundenheit, die dich spürbar durch dein Leben trägt.

Die Kraft der Elemente ... wirkt überall

Wenn man sich bewusst macht, dass alle Materie aus einem oder mehreren der vier Elemente besteht, scheint die Trennung zwischen Natur und Nicht-Natur noch einmal mehr zu verschwimmen. Alles, was uns auch in der Großstadt umgibt, basiert auf Natürlichem – es wurde aber teilweise so stark verändert, dass das nicht mehr erkennbar ist. Vieles kann auch nicht mehr so leicht in etwas Natürliches zurückverwandelt werden.

Wie stark die Natur alles durchdringt und durchwebt, kann man am Vorkommen der Elemente sehr gut untersuchen. Ihre Kraft tiefer erspüren zu lernen, das geht auch im alltäglichen städtischen Kontext.

Das Element Wasser

Als ich (Franziska) mal für eine Zeit in der Nähe einer Kleinstadt mit Schwimmbad wohnte, habe ich das vor allem in den Wintermonaten gern genutzt. An den Vormittagen war meist sehr wenig los – und ich ertappte mich mehrfach erstaunt dabei, minutenlang auf dem Beckenrand zu sitzen und auf das Wasser zu schauen. Was in den wärmeren Jahreszeiten meine Lieblingsmeditation ist – an einem See sitzen und aufs Wasser blicken – das hatte ich hier ins Schwimmbad verlagert. Ich blickte friedlich versunken auf das Chlorwasser, freute mich an den Spiegelungen der elektrischen Lichter im Becken und tauchte in die Tiefenentspannung. Keine Gedanken mehr, stille Meditation. Mir wurde klar, dass es das Element Wasser ist, das mich anzieht, das mich selbst in diesem Schwimmbad in einen meditativen Zustand versetzen konnte.

Und wenn das möglich ist, dann müsste es tatsächlich überall möglich sein, zu meditieren, in die Tiefe zu gehen, mehr als nur die physische Oberfläche zu sehen und, ja, sich aus der Übermacht des Denkens zu lösen und andere Ebenen wirken zu lassen. Zum Beispiel die Gefühle, für die Wasser ja sinnbildlich auch steht.

Wasser findet sich in so vielen Zusammenhängen, schließlich heißt es nicht umsonst: Wasser ist Leben. Im Folgenden ein paar Ideen, die dich zum Weiterforschen anregen wollen und dir viele Möglichkeiten erschließen, dich auch mitten im urbanen Alltagsgetümmel bewusst mit einem der vier Pfeiler der materiellen Natur zu verbinden. Wasser findet sich:

- Natürlich im Fluss, in Bächen, in Seen und Teichen, im Meer.
- Im Regen, in den Pfützen.
- In Springbrunnen und Wasserspielen.
- In Nebel, Schnee, Eis, Reif und Tau.
- In den Körpern aller Lebewesen.
- In jedem Getränk, in Suppen, Soßen, beinahe allen Speisen.
- Wir nutzen es im Bad, in der Küche, für alle möglichen Reinigungsaktionen, in der Industrie, in jedem Fahrzeug.
- Bei Wellness und Spa.
- Im übertragenen Sinne in unserer Gefühlswelt und natürlich in unseren Tränen.

Gelebte Liebe: Zurück zur Quelle

Wenn du ein gutes Mineralwasser trinkst: Stell dir dabei doch einmal vor, wo es seinen Ursprung nahm – an einer Quelle mitten in der Natur, nachdem es jahrelang durch Gesteinsschichten gesickert ist, rein gefiltert und auf natürliche Weise mit Mineralien angereichert wurde. Hast du diese Bilder im Sinn, wird das Trinken zu einem heilsamen Genuss. Und vielleicht verspürst du den Impuls, dem Wasser dieser Erde zu danken oder für seine Reinheit auch in der Zukunft einen Herzenswunsch oder ein Gebet zu sprechen.

Seit alters her werden die Elemente auch bewusst in Heilvorgänge einbezogen. Sie können uns beispielsweise reinigen und stärken. Mit Wasser geht das natürlich ganz hervorragend – und du brauchst dazu nicht einmal einen klaren See oder einen munter sprudelnden Bergbach. Das Element Wasser findest du auch reichlich auch in der Stadt.

Gelebte Liebe: Reinigung und Stärkung mit Wasser

- Such dir einen Springbrunnen, den du magst.
- Stell dich so nah an das herabfallende Wasser, wie du willst. Ganz Mutige können sich im Sommer auch direkt duschen lassen.

- Bitte das Wasser nun, (sinnbildlich) alles von dir abzu-
waschen, was nicht zu dir gehört, was dich belastet
und stört oder was du nur von anderen aufgelesen hast.
Wenn der Brunnen mythische Figuren, Götter, Drachen
oder Engelchen zeigt, die das Wasser ausgießen oder
ausspeien, bitte sie, dich zu reinigen.
- Wenn du dich wieder klar und sauber fühlst, kannst du
das Wasser oder die Figuren bitten, dich mit einer bestimmten Qualität zu übergießen: Kraft vielleicht, Geduld
oder Fröhlichkeit, was immer du gerade benötigst.
- Danke zum Abschluss den Figuren und dem Element
Wasser und lass ihnen deine guten Wünsche und
vielleicht einen Segen da.

Das Element Feuer

Feuer ist ein besonderes Element, da es sehr stark von den
anderen abhängig ist. Ohne Erde – also etwas, das verbrannt
wird – und Luft – die den Sauerstoff liefert – kann Feuer
keine Sekunde existieren. Da es nicht nur segensreich wirkt,
sondern auch Schäden anrichten kann, wird es von uns Menschen immer gut kontrolliert. Es findet sich also nicht so of-
fensichtlich in unserem Umfeld. Es ist aber dennoch da.

- Als Sonne am Himmel und auch in Form der Sterne.
- In den Stoffwechselprozessen unseres Körpers.
- Überall dort, wo etwas verbrannt oder Wärme erzeugt
wird: Heizungen, Herde, Öfen, Verbrennungsmotoren
wie die in den Autos. In künstlichen Lichtquellen.
- Kerzen, Räucherstäbchen.
- Übertragen auch in Geistesblitzen und der Leidenschaft.

Gelebte Liebe:
Der spirituelle Funke

Eine besonders achtsame Form, eine Kerze anzuzünden: Du hast die Kerze und das Streichholz oder Feuerzeug vor dir, schließt einen Moment die Augen und verbindest dich nach oben mit dem Göttlichen, mit der geistigen Welt, mit dem höchsten Spirituellen, wie auch immer sich das für dich erfahren lässt. Bitte um den göttlichen oder spirituellen Funken und spüre, wie er als sanfte, dich weitende Erhellung in deinen Scheitel eindringt und zu deinem Herzen weiterfließt. Ist er in deinem Herzen angekommen, zündest du – gewissermaßen mit diesem Funken – das Streichholz oder Feuerzeug an und entzündest die Kerze.

Halte noch einen Moment inne und erlebe das Feuer außen in Form der brennenden Kerze ebenso wie den göttlichen Funken in deinem Herzen.

Feuer ist ganz nah verwandt mit dem Licht. Das Glühen in einer Lampe lässt es hell werden, das Brennen der Sonne bescheint unsere Erde. Damit kannst du auch in der nächtlichen Stadt spielen, um dich dem Element Feuer zu nähern. Betrachte doch die Leuchtreklame einmal so, dass du dabei Blickkontakt mit vielen kleinen Feuern hältst. Du schaust – und wirst tausendfach angeschaut. Das macht dich lebendig und wach. Oder du stellst dich unter eine Laterne, die ihr Licht dann wie ein Scheinwerfer auf dich richtet. Mach dir dabei bewusst:

»Ich bin da.« Wenn du zu denen gehörst, die beim Anblick des Lichtermeeres ihrer nächtlichen Stadt ein starkes Heimatgefühl empfinden, bist du ebenfalls mit dem Feuerelement verbunden.

Das Element Erde

Zum Element Erde gehören alle festen Stoffe, alle Materie. Du findest es also überall, wo auch immer du bist: Dein Körper, deine Nahrung, deine Kleidung, der Boden unter deinen Füßen, die Baustoffe der Häuser, alles gehört zum Element Erde. Dieses Element ist es, das uns trägt und stützt. Es macht dein körperliches »Ich bin« vor allem aus. Auch wenn du zu einem höheren Prozentsatz aus Wasser bestehst als aus »Erde«. Gefühlt gehört der Körper zu diesem Element. Bewusst zugeordnet wird Erde:

- Steinen, Edel- und Halbedelsteinen, Kristallen, Kieseln und Sandkörnern und letztlich auch Mauern und Wänden.
- Landschaften und insbesondere Gebirgen.
- Samen, die die Erdkraft speichern und neues Wachstum vorbereiten.

Es tut gut, sich das Element Erde bewusst zu machen, indem man sich erdet: sich hinsetzt, hinlegt, niederlässt. Alles wird schwerer, langsamer, entspannt. Man verbindet sich mit Mutter Erde, die für alte spirituelle Traditionen vor allem mit diesem Element verwoben ist. Die Mutter von allem, nichts existiert ohne sie.

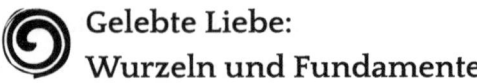 Gelebte Liebe: Wurzeln und Fundamente

- Geh zu einem Baum in der Stadt und nimm Kontakt mit ihm auf. Lenke deine Wahrnehmung im Gespräch mit ihm oder in der bloßen wachen Betrachtung auf seine Wurzeln, die tief in die Erde reichen. Spüre nach, wie es sich anfühlt, so fest verwurzelt zu sein.
- Betrachte dann ein Haus mit seinen Fundamenten. Empfinde auch hier die Verwurzelung nach.
- Setz dich anschließend auf eine Parkbank oder zu Hause aufs Sofa und spüre deine eigenen Wurzeln. Wo bist du verwurzelt im Leben? Was sind deine dich tragenden Fundamente?

Das Element Luft

Auch die Luft ist überall oder vielmehr überall dort, wo keine feste Materie ist. Sie umschließt und umhüllt alles, was zu den Elementen Wasser und Erde gehört. Die Luft wird am leichtesten übersehen, einfach weil sie nicht sichtbar ist. Über die Nase und die Haut allerdings ist sie dennoch mittelbar wahrzunehmen – du kannst dich auf ihre Spuren begeben und beispielsweise mal erschnuppern und erspüren, wie unterschiedlich sich die Luft an unterschiedlichen Plätzen anfühlt: im Park, zwischen Häuserzeilen, am Morgen, am Abend, im Sommer, im Winter … Luft steht für

- Die Atmosphäre der Erde.

- Den Wind, jeden Hauch oder Luftzug, aber auch eine Böe oder einen Sturm.
- Den Atem.
- Im übertragenen Sinne für unsere Gedanken und Ideen.

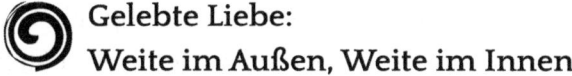

Gelebte Liebe: Weite im Außen, Weite im Innen

Besonders an Tagen mit eher trüber Stimmung ist diese Übung hilfreich: Such dir, wo immer du gerade gehst oder stehst, mit den Augen den am weitesten entfernten Punkt. Du wirst unwillkürlich den Blick zum Himmel heben, irgendwo zwischen zwei Häuserzeilen hindurch oder über die Dächer hinweg. Was geschieht? Ein erhobener Blick wirkt sich positiv auf die Stimmung aus, und die äußerlich wahrnehmbare Weite kann auch im Herzen spürbar werden.

Zur Luft gehört selbstverständlich auch der Wind – und der pfeift nicht nur um die Häuserecken, sondern sogar unter der Erde, wo du ihn bewusst nutzen kannst: Wenn die U-Bahn aus einer Station abfährt, gibt es einen kleinen Windhauch. Und dem kannst du bewusst etwas mitgeben, was du nicht mehr möchtest: schlechte Stimmung, Sorgen, unangenehme Angewohnheiten. Bitte den Wind, das Element Luft, sich dieser Energie anzunehmen und sie zu verwandeln.

Verbindungen der Elemente

Natürlich tauchen die Elemente selten allein und isoliert auf, sondern verbinden sich untereinander. Beim Feuer ist das wie beschrieben überhaupt nicht anders möglich. Einige rituelle Handlungen nutzen ganz bewusst alle vier Elemente, um auf diese Weise die Ganzheit wirksam werden zu lassen. Beim Räuchern zum Beispiel ist das Feuer nötig, als Glühkohle oder zum Anzünden der Kräuter. Diese selbst stellen den Aspekt Erde dar. Der aufgehende Rauch gehört zum Element Luft. Und um auch das Wasser hinzuzunehmen, wird häufig in einer Muschel geräuchert, die für dieses Element steht. Auch die traditionelle Schwitzhütte nutzt alle vier Elemente: Erde – Steine, Feuer – Hitze, Wasser – die Aufgüsse und der aufsteigende Dampf, Luft – die Energie der Gebete und Dankesopfer, die immer dazugehören.

Wenn du mit all diesen Hinweisen im Sinn jetzt die Stadt neu betrachtest, wirst du überall die Elemente antreffen.

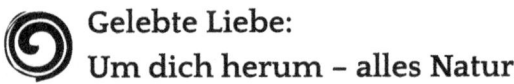 **Gelebte Liebe:**
Um dich herum – alles Natur

- Begib dich an einen Platz in der Stadt. Setz dich auf eine Bank, an einen Cafétisch im Freien oder bleib in der Fußgängerzone oder in einem Gewerbegebiet stehen.
- Schau dich um und prüfe, wie viele Vertreter der vier Elemente du wahrnimmst. Bleib nicht an der Oberfläche, sondern geh tiefer. Du kannst auch die Blumenvase auf dem Tischchen und die Wolken am Himmel mit einbeziehen, die Pfützen und den Windhauch.

Die Elemente als Spiegel unseres Wesens

Nicht nur auf der materiellen, sondern auch auf der mentalen und psychischen Ebene gehören die Elemente zu uns. Denk nur an die vier Temperamente, von denen jedes einem Element zugeordnet ist: Der Melancholiker ist schwer wie die Erde. Der Choleriker aufbrausend wie das Feuer. Der Sanguiniker leicht und flexibel wie die Luft. Und der Phlegmatiker fließt wie Wasser, immer nach unten.

In der Betrachtung der Elemente können wir uns aber nicht nur über uns selbst, sondern auch über Projekte, Beziehungen, Lebensphasen und Ähnliches klar werden. Denn wie jedes Element in unterschiedlichen Erscheinungsformen oder Zuständen auftreten kann, haben auch unsere Lebensprojekte ihre unterschiedlichen Phasen.

Wasser kann als Meer oder Tautropfen, als Eis oder Dampf, als Springbrunnen oder Wasserfall sichtbar werden und unzählige weitere Formen annehmen. Beziehungen oder auch Projekte durchleben euphorische ebenso wie stagnierende Phasen, ein gleichförmiges Fließen ebenso wie ein unkontrolliertes Strudeln, scheinen mal zu Eis erstarrt und dann wieder rasend schnell in ihrer Entwicklung.

Feuer gibt es als kleinen Funken und lodernde Flamme, als Kerzenlicht oder großflächigen Buschbrand und als Glut. Luft kann warm oder kühl, heiß oder eisig sein, schneidend oder mild, stillstehend, vom Wind bewegt oder vom Sturm gepeitscht. Erde kann warm oder kühl, feucht oder trocken sein, die unterschiedlichsten Farben haben und sich als Element in allen möglichen festen Materialien zeigen. Und so ist auch alles in unserem Leben einem stetigen Wandel unterworfen.

Die vier Elemente bilden ein Ganzes und zugleich lohnt es, sie einzeln zu betrachten. Ebenso haben wir bis hierhin die Stadt in einzelnen Bereichen, in ihren einzelnen Elementen betrachtet, um sie im Detail näher kennenzulernen. Auch auf der Suche nach Tiefe und Wahrhaftigkeit brauchen wir Orientierung. Unser Dasein, unsere Welt, wie wir sie in ihrer Komplexität vorfinden, ist ungeheuer vielfältig und groß. Und so hilft es uns, ihr in Abschnitten zu begegnen. So gliedern wir auch im folgenden Kapitel die Gesamtheit des Lebens in Tagesrhythmen, Jahreszyklen und Lebensabschnitten auf – um uns selbst und das große Ganze besser zu verstehen und uns beidem immer leichter auch fühlend und empfindend nah zu sein.

Im Rhythmus des Lebens

Unser Herz schlägt, so lange wir atmen. Es gibt den Rhythmus unseres Lebens vor, aber es schlägt nicht ganz gleichmäßig. Nicht nur dass es uns manchmal vor Aufregung schneller und stärker bis in den Hals hinauf pocht oder bei einem Schreck scheinbar kurzzeitig stehen bleibt oder in die Hose rutscht. Auch unter ganz gewöhnlichen Umständen schlägt es nicht starr, sondern mit einer gewissen Variabilität. Es ist eben Teil der Natur, in der alles geordneten Rhythmen folgt, aber niemals reißbrettartigen, getakteten Genauigkeiten. So ist es in unserem Leben auch.

Als moderner Mensch bewegen wir uns zwischen beidem: der rationalen Ordnung von Terminen, Fakten und Daten und der Natürlichkeit unseres Wesens und der Natur um uns her. Oft genug passen sie nicht recht zusammen. Dann müssen wir früh aufstehen, um zur Arbeit zu kommen – aber es ist noch stockfinster draußen und der ganze Körper ruft nach ein wenig Winterschlaf.

Unsere Zeit scheint ein Motto zu haben: die Suche nach einer neuen Balance. Zwischen Pflicht und Neigung, Tun und Geschehenlassen, Arbeiten und Ruhen, Anstrengen und Genießen, zwischen Rationalem und Intuitivem, zwischen Stolz und Demut, Freude an Gütern und achtsamem Verzicht... Insbesondere im Umgang mit der Zeit sind wir stark aus dem Lot gekommen. Wie gern würden wir alles, was unseren Tag ausmacht, in Ruhe erleben oder es zumindest schaffen, dass alle Vorhaben Platz finden. Wir sind gern jeden Tag genüsslich kreativ im Büro, gesund aktiv im Sport, vorbildlich und liebevoll mit unseren Kindern, wach versunken in der Meditation, einfühlsam erotisch in der Partnerschaft. Aber die Zeit reicht nicht für all das, und wir hetzen von einer Sache zur nächsten. Es mag ja stimmen, was die großen Weisen sagen, dass nämlich Zeit eine Illusion ist – doch im Alltag nützt uns das herzlich wenig.

Wenn wir mit den Rhythmen des Lebens mitschwingen könnten, so wie sie sich gerade zeigen, dann sollten wir in Harmonie kommen. Wieder ist es letztlich die Natur, die uns das Wesentliche über ein gutes, erfülltes und ausbalanciertes Leben lehren kann. Gehen wir also auch hier nach dem bereits bewährten Muster vor: Dinge im Außen wahrnehmen, ihre Essenz ergründen, diese verinnerlichen und im eigenen Leben und Wirken nutzen.

Die Kraft der vier Himmelsrichtungen

Die vier Himmelrichtungen sind zunächst nur Richtungen im Raum – ein horizontales Kreuz, das zur Orientierung auf der Erde hilfreich sein kann. Kommen aber die Sonne und ihr scheinbares Wandern am Taghimmel hinzu, erhalten sie eine tiefere Bedeutung: Jede Himmelsrichtung steht für einen Zeitpunkt des Tages, und diese Zeiten zeigen sich jeweils in einer ganz bestimmten Qualität, was dem System seine große Kraft gibt. Es schenkt uns eine Orientierung, die wir auf sehr vieles im Leben anwenden können.

Auch die Himmelsrichtungen können wir als Kräfte betrachten, mit denen wir in Kontakt treten und die wir in ihrer Wesensart erspüren können. Dies leitet sich aus den Gegebenheiten der Natur ab, die sich als energetische Qualitäten wahrnehmen lassen.

- Der Osten – das ist die Kraft der aufgehenden Sonne, und damit steht er auch für den Neubeginn, für die Initialzündung, das frische Wachstum, für Pioniergeist und Aufbruch, für Überblickswissen und den Start von Unternehmungen.
- Der Süden – das ist die Kraft der hoch stehenden Sonne, und zu ihr gehören Aktivität und Begegnung, Hitze und Begeisterung, Schaffen und Handeln, aber auch die genussvolle Ruhe einer Siesta und erholsamer Ferien.
- Der Westen – das ist die Kraft der untergehenden Sonne, und damit symbolisiert er den Abschluss von Unternehmungen, die Ernte des Gewesenen, den Rückblick auf das Erreichte, das Feiern und den Dank, das allmähliche Zur-Ruhe-Kommen.

- Der Norden – das ist die Kraft der Dunkelheit, der Nacht, und damit steht diese Himmelsrichtung für das Anhalten und Ruhen, die Regeneration, die Stille, für Schlaf und Tod, für die Vorbereitung des Neuen, während der sich die Kräfte sammeln.

Die Essenz nutzen lernen

Die Grundessenz dieser Qualitäten lässt sich sinnfällig beschreiben und in immer größerer Tiefe selbst erfahren. Dabei kristallisiert sich mit der Zeit heraus, wie diese Qualitäten ganz individuell wahrgenommen werden und wirken. In die Vierteilung lassen sich dabei nicht nur die Tageszeiten (siehe unten), sondern auch Projekte, Beziehungen, Lebensphasen und so weiter einsortieren. Mit einem wacheren Blick für die Himmelsrichtungen und ihre Qualitäten erschaffst du dir eine »Landkarte des Bewusstseins«, die dir im Leben Orientierung bietet. Auch ein Projekt beispielsweise hat eine Startphase, eine Zeit der großen Aktivität, dann den Moment der Rückschau, des Prüfens und Erntens, ebenso eine Ruhephase, in der Kraft für die nächsten Schritte gesammelt wird. Viele Vorhaben oder auch Beziehungen durchlaufen den Viererzyklus mehrfach. Weißt du all das, lassen sich Durststrecken leichter durchstehen – du erkennst, dass sie zum Norden gehören, und weißt, dass im Osten ein neuer Anfang folgen wird. Oder du nimmst dir zum Ende eines aufreibenden Projektes einen Tag frei, um das Gewesene gemäß der Kraft des Westens zu würdigen, zu feiern, dir und allen Beteiligten innerlich zu danken und so ganz in Ruhe Rückschau zu halten. Mit Wertschätzung und Lob für dich selbst fährst du innerlich die Ernte ein, die dir weiterhin Kraft geben wird. Diese Einteilung schenkt dir auch das Bewusstsein, dass eine anfangs leidenschaftliche Beziehung nicht immer so heiß bleiben wird – das erspart Enttäuschungen und du weißt ja: Der nächste Frühling kommt sicher.

Wenn du tiefer erfahren möchtest, was die einzelnen Himmelsrichtungen für dich ganz individuell bedeuten und was sie dir speziell für dein Leben zu sagen haben, kannst du dich tief auf sie einlassen und zum Beispiel auch schamanische Reisen zu jeder dieser Richtungen unternehmen. Für Veras momentan vergriffenes Buch Und in der Mitte bist du heil hat sich eine ganze Forschungsgruppe ein Jahr lang jeden Monat für eine solche Reise getroffen und sich so sehr ausführlich mit der »Landkarte des Bewusstseins« befasst. Alle sprechen bis heute davon, dass sie das sehr gewandelt und nachhaltig inspiriert hat und dass die damals angestoßenen Entwicklungsprozesse noch immer nachklingen.

Ja, es sind große Kräfte, um die es hier geht, universelle Energien, die im Kosmos ebenso wie in uns Menschen tief verankert sind und ihre Wirkung tun. Es sind ebenfalls diese Kräfte, mit denen du in Kontakt bist, wenn du einen heiligen Raum erschaffst (siehe unten). Du verbindest dich dafür ganz bewusst mit all den Qualitäten, die dir dazu jeweils in den Sinn kommen und wichtig erscheinen.

Die Kraft der Mitte

Wenn wir alle vier Himmelsrichtungen wahrnehmen, stehen wir selbst in der Mitte. Sich so im Zentrum innerhalb der vier Kräfte zu erleben, kann die Kraft der Mitte erfahrbar machen. Es ist wie im Auge des Orkans. Im Zentrum sind wir verbunden mit uns selbst, mit unserem Herzen, unserem

Bauch, unserem Denken, und darüber hinaus mit der geistigen Welt und dem großen Ganzen. Alles Auf und Ab des Lebens wirbelt um uns herum, natürlich betrifft es uns, erfreut es uns und beeinträchtigt es uns zuweilen. Aber in dieser Mitte sind wir heil. Und wir erleben Ruhe, egal wie schnell die Welt sich drehen mag.

Leben bedeutet natürlicherweise, diese Mitte immer wieder zu verlassen. Aber es muss nicht bedeuten, sie ganz zu verlieren und sich im Trubel des Geschehens außen selbst gänzlich zu vergessen. All die Angebote der unterschiedlichsten spirituellen Richtungen, zu sich zu kommen, das Bewusstsein zu verändern, zu switchen und aufzuwachen, sagen in ihrer jeweiligen Terminologie das Gleiche: Komm in die Mitte, in der du ganz und heil bist und das Spiel der Formen um dich her genießen und mitgestalten kannst. Denn in der Mitte zu sein, heißt auch, seine Schöpferkraft entfalten zu können.

Rhythmen des Tages

Jeder neue Tag ist ein Geschenk. Kannst du das spüren? Möchtest du es wieder spüren? Jeder Tag hat im Grunde ebenfalls vier Phasen – und sie entsprechen den Qualitäten, die uns auch in den vier Himmelsrichtungen und den vier Elementen begegnen.

Der Morgen

»Der Morgen ist klüger als der Abend«, heißt es oft im Märchen. Tatsächlich hat uns die Nacht eine Art Reset geschenkt, einen Neustart aller Systeme – wenn wir die Nacht tatsächlich als Zeit des Nordens, der Leere, der Pause, des Schlafens, Träumens und Regenerierens nutzen konnten. »Allem Anfang wohnt ein Zauber inne«, schrieb Hermann Hesse. Dieser Zauber des neu Erwachenden passt genau auf den Morgen, den beginnenden Tag. Die Ostenenergie lässt sich wohl kaum direkter wahrnehmen als zur Zeit der Dämmerung. Das erste Licht ist wieder sichtbar geworden, in den wärmeren Jahreszeiten singen die Amseln, das große Erden-Himmelszelt ist erfüllt von der Verheißung eines neuen Tages.

Was wir auch bereits geplant haben, dieser Tag liegt leer und offen vor uns – unendlich vieles ist möglich. Dies morgens für einen Moment klar wahrzunehmen, kann die Weichen für den gesamten Tag so ausrichten, dass Erfüllung und Gelingen zumindest wahrscheinlicher sind, als wenn vom ersten wachen Atemzug an Hast und Hektik herrschen. Eine Morgenroutine – wie das in vielen spirituellen Zentren heißt – ist dafür sehr hilfreich. Eine Morgenmediation, der Sonnengruß aus dem Yoga, ein Kraftlied ... Wie genau sie aussieht, ist gleichgültig, wenn sie das Wesentliche bewirkt: ein Innehalten, eine Verbindung mit dem Höchsten, der geistigen Welt, der inneren Führung, dazu eine spürbare Rückversicherung zu sich selbst, zur eigenen Mitte und inneren Kraft. Es könnte also ein Morgengebet sein, gleich sitzend vom Bett aus oder vor einer Kerze am Altar. Es könnte ein Gruß an die Welt und alle alltäglich und nichtalltäglich wirkenden Wesen darin sein, den du vom geöffneten Fenster aus äußerst. Auch die vier Himmelsrichtungen lassen sich innerlich begrüßen – und vielleicht erhältst du aus deinem Inneren eine Botschaft für den Tag. Das alles muss nicht mal eine Minute dauern, wenn du wenig Zeit hast.

Der »hohe« Tag

Die aktive Energie des Südens nimmt dann bei den meisten Menschen den größten Teil des Tages ein: Arbeit, Erledigungen, Begegnungen, Meetings, Gespräche, Action. Die Kunst heute besteht darin, dabei fokussiert zu bleiben und trotz aller Ablenkungen das zu bewerkstelligen, was man eben zu tun hat.

Zugleich aber braucht unser System auch Trödelzeiten. Nicht von ungefähr gehört zur Kraft des Südens auch die Siesta, auf dem höchsten Peak der Sonne verkehrt sich die Aktivität in ihr Gegenteil: Pause, Mittagsruhe, Kraft sammeln für die nächsten Stunden. Um die wertvolle Wirkung von Powernappings wissen mittlerweile sogar viele Firmen, die ihren Angestellten dafür Zeit und Raum geben. Es ist der Wechsel von Etwas und Nichts, der Aktivitäten fruchtbar macht – wie im Rhythmus. Da folgen Impulse aufeinander, doch zwischen ihnen sind Pausen, nichts Hörbares mehr. Unser Herz geht genauso vor. Stell dir einmal vor, dein Herz würde nur schlagen, aber zwischendurch nicht pausieren. Wenn du das nachzuempfinden versuchst, kommst du in genau die innere Haltung, die wir heute leider allzu oft einnehmen: verkrampftes, nach vorn gebeugtes Weiterhasten, Weitermachen. Wie wohltuend ist es da, für einen Moment innezuhalten, zuzulassen, dass sich die Kontraktion wieder löst, dass der Atem wieder tief in den Bauch strömt – und dann ist man bereit für die nächste Aktion. Ganz von selbst kommen dann neue Ideen, und es bleibt Raum für die kleinen Freuden nebenbei, die nicht geplant waren.

Tun, Nicht-Tun, Anspannen, Entspannen. Das ist im heutigen Alltag zugegebenermaßen nicht leicht umzusetzen. Wenn man sich aber bewusst macht, dass es nicht die Zeit, sondern nur eine innere Entscheidung dafür braucht, nämlich das bewusste Umschalten, dann ist es möglich. Während einer Aktivität ab und zu mal auf den Atem zu achten, das kann schon ausreichen. Ist er flach geworden, wird er in diesem Moment, in dem du die Spannung spürst, oft schon wieder ein bisschen tiefer. Oder du lauschst zwischendurch nach draußen, ob du Vögel hören kannst. Schon wird die Welt weiter, der Horizont breiter als ein Computerbildschirm.

Um im oft intensiven Berufsalltag nicht die andere Seite, die Entspannung zu vergessen, habe ich (Franziska) mir schon die unterschiedlichsten »Arbeitszeitmodelle« ausgedacht, für die ich als Selbstständige ja ebenfalls selbst zuständig bin. Zum Beispiel arbeite ich gern nach der Zeiteinheit »Kerzenlänge«. Auf meinem Schreibtisch steht eine Keramikfigur in Form eines Krafttieres. Es ist zugleich ein Kerzenhalter, in den diese schmalen Weihnachtsbaumkerzen passen. Sie brennen etwa zwei Stunden lang – ein Zeitraum, über den ich mich gut konzentrieren und in dem ich erstaunlich viel schaffen kann. Statt also zu sagen, ich muss noch dieses und jenes fertigbekommen, sage ich mir: Ich arbeite jetzt noch eine Kerzenlänge an diesem Projekt. Das motiviert mich, weil der Zeitraum überschaubar ist – und ich sehe an der Kerze immer genau, wo ich gerade stehe, das gibt dem kindlichen Anteil in mir Freude. Ich schaue während dieser Zeit möglichst nicht ins Mailprogramm und oft entscheide ich auch bewusst, während dieser Phase nicht ans Telefon zu gehen, damit ich fokussiert bleiben kann. Die Kerze sagt mir, wann wieder Zeit zum Pausieren ist. Seit ich das so handhabe, zwischen den einzelnen Kerzenlängen auch wirklich etwas anderes tue, gut durchatme und den Kopf leer werden lasse, geht das Arbeiten effizienter und kräfteschonender. Die Ideen fließen mit größerer Freude und Leichtigkeit.

Der Abend

Die Kraft des Westens ist wohl die heute am meisten vernachlässigte. Nach getaner Arbeit innezuhalten, sich auf die Schulter zu klopfen und dankbar auf das Erreichte zu blicken – das tun wir eher selten. Sehr viele sind aktiv, bis sie abends total geschafft vor den Fernseher oder gleich ins Bett fallen. Gerade im therapeutischen Bereich wird den Klienten nahegelegt, sich selbst zu würdigen, sich selbst zu danken, sich einfach bewusst zu machen, was sie alles leisten und wie gut sie ihr Leben in der Regel bewältigen. Der Abend eines jeden Tages bietet eine wunderbare Gelegenheit dafür.

Das Wissen über die Vierheit der Himmelsrichtungen und der Tageabschnitte allein wirkt schon. Es muss ja nicht sein, dass du ein ganzes Tagesviertel dem Westen schenkst. Aber ein kleiner, regelmäßiger Moment des Innehaltens am Abend gibt dem dritten Viertel des Ganzen zumindest etwas Raum: ein Abendgebet, eine Meditation, ein Tagesrückblick vom Lieblingssessel aus, ein positiver Eintrag im Tagebuch.

Erleichternd dafür wirkt es auf jeden Fall, wenn man die Arbeit nicht allzu schwer mit nach Hause trägt. Wer abends noch Akten studiert oder über berufliche Fragen nachgrübelt, tut sich schwerer damit, zur Ruhe zu kommen und neue Kräfte zu tanken. Sicher haben wir alle solche Phasen – und wir halten sie auch gut aus. Aber dann sollte es auch wieder andere Zeiten geben. Um das nicht zu vergessen, hilft beispielsweise ein kleines Nach-der-Arbeit-Ritual:

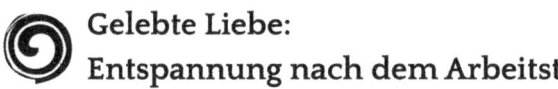 ## Gelebte Liebe:
Entspannung nach dem Arbeitstag

- Wenn du mit öffentlichen Verkehrsmitteln nach Hause fährst, versuch doch mal Folgendes: Lass eine Straßenbahn, eine S- oder U-Bahn absichtlich sausen und setz dich auf eine Bank, ganz gleich, wie viele Passanten um dich herum sind.
- Entspann ganz bewusst deinen Körper. Lass die Schultern sinken, atme tief durch, entspanne die Bauchdecke. Spüre, wie du sitzt und wie jetzt ansonsten nichts nötig ist. Es muss nichts getan werden, du musst nicht einmal denken. Du sitzt hier und entspannst dich für ein paar Minuten.

Ein Übergangsritual ist ebenfalls hilfreich, um die Grenzen zu klären – zwischen zwei Lebenswelten, die beide zu dir gehören, die du aber dennoch nicht vermischen willst. Du kannst es regelmäßig im Alltag einsetzen. Beispielsweise für den Übergang zwischen Arbeit und Feierabend. Nutze dafür den Lift oder das Treppenhaus als Schleuse. Beim Einsteigen oder Hereinkommen ins Haus lässt du bewusst die Welt zurück, aus der du kommst. Du kannst sie abschütteln oder abstreifen wie einen Anzug. Der Lift oder das Treppenhaus ist dann der neutrale Raum, das Nichts-und-Niemand-Land, du spürst dich atmen, mehr geschieht nicht.

Oben steigst du als ein anderer Mensch aus dem Fahrstuhl oder nimmst die letzte Treppenstufe: als Privatperson, die jetzt Feierabend hat.

Die Nacht

Sie ist nicht allein zum Schlafen da, das stimmt sicher. Als Nordenkraft allerdings ist sie ganz wesentlich eine Kraft des Rückzugs und des Erholens. In der Nacht ziehen wir uns aus allen Aktivitäten zurück, wir gehen ins Schlafzimmer, unseren privatesten Raum. Wir verdunkeln das Zimmer, verkriechen uns ins Bett und ziehen unsere Sinne von der Welt zurück nach innen. Wir schließen die Augen, wir wollen nichts mehr hören, nichts mehr denken. Wir tauchen ab in eine andere Welt. Am Morgen wachen wir – im besten Falle – frisch, gestärkt, regeneriert und mit Lust auf den neuen Tag wieder auf. Wir haben die vergangenen Erlebnisse in uns sortiert und zeigen uns neu der Welt. Wir kommen aus dem Reich des Nordens, das uns mit neuer Kraft beschenkt hat.

Diese Kraft des Nordens können wir auch nutzen, wenn wir aus dem Gleichgewicht geraten sind, wenn wir den gesunden Rhythmus verloren haben. Wenn wir uns ausgelaugt fühlen, klappt es nicht, im Süden mit seiner sprudelnden Lust an der Aktivität neu zu starten. Einen Neubeginn zu erzwingen, den Osten also herbeizurufen, das klappt meist auch nicht, wenn uns die Kraft fehlt. Den Resetschalter hat nur der Norden. Bevor wir vor Erschöpfung umfallen – unser System uns also in die Arme des Nordens zwingt –, ist es ratsam, sich dort eine klar definierte, selbstbestimmte Auszeit zu gönnen. Oft reicht schon ein Abend, an dem wir sehr früh schlafen gehen. Manchmal muss es das völlig verpennte Wochenende sein, an dem wir morgens genüsslich im Bett bleiben und nach einem sehr späten Frühstück gleich wieder aufs Sofa fallen, um weiterzuschlafen.

Der Mondzyklus

Die nächstgrößere Zeiteinheit nach dem Tag ist für uns der Monat, der sich in vier Wochen unterteilt, die ebenfalls dem Prinzip der vier Himmelsrichtungen entsprechen. Dabei kommt der Mondzyklus zum Tragen, der den Menschen lange vor der Sonne die bewusste Zeiteinteilung ermöglichte. Seine Phasen sind auch für uns heute leicht zu beobachten: Der Neumond (Norden) geht über in den Neubeginn, den zunehmenden Mond (Osten), bis sich der Vollmond zeigt (Süden), dann das allmähliche Zurückziehen des abnehmenden Mondes (Westen) bis zum nächsten Leer- oder Neumond. Gerade viele Frauen, die ja über den Menstruationszyklus mit den Mondrhythmen verbunden sind, verfolgen diesen Wechsel bewusst und lassen sich von ihm unterstützen.

Wieder bildet die Essenz der vier Grundkräfte die Basis. Sie kannst du überall im Leben entdecken, sie verbindet Natürliches und Menschengeschaffenes – und sie lässt sich als universelle Kraft für das eigene Leben bewusst nutzen. Denn da ist sie ohnehin.

Rhythmen des Jahres

Auch das Jahr ist, zumindest in unseren Breiten, deutlich von vier Grundqualitäten geprägt: den Jahreszeiten. Unbestritten verschwimmen sie seit ein paar Jahren ein wenig. Dennoch: Ein Sommertag ist vollkommen anders als ein Wintertag. Und der Frühling fühlt sich völlig anders an als der Herbst. Die vier Jahreszeiten entsprechen dabei – wie könnte es anders sein? – den vier Himmelsrichtungen: Der Frühling mit seiner initiatorischen Neustartkraft steht für den Osten. Der Sommer, der zu Aktivität und Begegnung einlädt, der das Leben draußen in der warmen Luft zu einem Genuss macht, für den Süden. Der Herbst als Zeit der Ernte, des Erntedanks und des allmählichen Rückzugs wieder nach drinnen, gehört zum Westen. Und der stille Winter, in dem die Natur ruht und sich für das kommende Jahr sammelt, symbolisiert den Norden.

In der Stadt wird der Jahreszeitenwechsel meist weniger stark erlebt als auf dem Land, wo man viel mehr Natur um sich hat, mehr Himmel, mehr Sonnenlicht. Wenn wir allerdings tiefer in die Qualität der Zeitabschnitte eintauchen, spüren wir überall die Verbindung zum großen Ganzen, die uns trägt und uns ein Gefühl für die Sinnhaftigkeit des Lebens schenkt.

Vier Grundqualitäten aus der Natur ins eigene Leben bringen

Im Folgenden möchten wir dich anregen, die Grundqualität jeder Jahreszeit für dich individuell herauszufiltern und die Erinnerung daran als Kraft in dir zu verankern. Das Prinzip bleibt immer das gleiche: Was du in dir verankert hast, kannst du immer dann nutzen, wenn du es brauchst oder es dir einfach guttun könnte.

Wer damit besonders tief gehen möchte, kann die Energie der Zyklen an seinem Kraftplatz – dem in der Natur und/oder dem in der Stadt – ganz bewusst erleben. Wenn du diesen Ort zu jeder Jahreszeit aufsuchst, erspüre, rieche, schaue, lausche, wie unterschiedlich es jeweils ist. Besuche ihn ruhig auch zu unterschiedlichen Tageszeiten, um die vier Qualitäten auf diese Weise zu erforschen. Wie ist es am frühen Morgen, wie am Mittag, wie abends und wie in der Nacht? Wie verändert sich das Licht, wie die Geräusche, die Stimmung? Und wenn du in der Stadt bist: Wie unterschiedlich verhalten sich die Menschen um dich herum zu den einzelnen Zeiten?

Zeit des zunehmenden Lichts: Frühling

Wenn die Kargheit des Winters in die bunte Lebendigkeit des Frühlings übergeht, wandelt sich die gesamte Atmosphäre – nicht nur in der Natur, sondern auch in den Städten wird das spürbar. Wir waren erstaunt, dass wir beide dies jedoch ganz unterschiedlich wahrnehmen.

»Für mich ist das zeitige Frühjahr vor allem ein Wiedererinnern«, sagte Franziska. »Sobald es zum ersten Mal warm und sonnig ist, überkommt mich diese große Erinnerung: Ja, so ist das Leben! So kenne ich es! So liebe ich es! Endlich!«

Vera aber: »Für mich ist das ganz anders. Ich bin jedes Mal total überrascht über die plötzliche Veränderung. Ich höre die Knospen regelrecht aufplatzen, von einem Moment auf den anderen ist alles bunt und knallig. Die Natur ist sehr aktiv, schnell und direkt. Ich hätte es gern ein bisschen langsamer.«

Unbestritten bringt uns der Frühling wieder in Bewegung. Er zieht uns nach draußen, wir können wieder Luft an die Haut lassen. Blumen und Blüten sprießen, überall zwitschert und balzt es, es will Neues in die Welt kommen. Wir Menschen können bei all dem in unserem eigenen Tempo mitmachen, müssen uns aber bewusst sein, dass diese Grundqualität des Frühlings, Ostenkraft pur, nur eine bestimmte Zeit andauert.

Im Frühling erfolgt der Startschuss für das neue Jahr. Wer zu schnell losstürmt, läuft Gefahr, sich zu verausgaben oder in die falsche Richtung zu spurten. Wer zu langsam in Gang kommt, verpasst den Anfang und wird Mühe haben, den Anschluss zu finden.

Was genau macht den Frühling für dich aus? Was erlebst du für eine Grundenergie, die sich im Amselgesang in der Dämmerung zeigt, in der bunten Frische der ersten Krokusse, in der lang vermissten Wärme der Sonnenstrahlen auf dem Gesicht?

 Gelebte Liebe: Die Qualität des Frühlings in sich verankern

- Ganz gleich, welche Jahreszeit gerade ist, setz dich in Ruhe hin und versetz dich in das Frühlingsgefühl hinein. Ruf dir Frühblüher in ihren erst zaghaft hellen und dann immer bunter werdenden Farben vor dein geistiges Auge. Lausche dem Zwitschern der paarungsbereiten Vögel. Rieche die neue Würze in der Luft, den Geruch von Erde, die unter dem letzten Schnee wieder zum Vorschein kommt. Spüre die Wärme des sanften Windes auf der Haut, die sich wieder unbedeckt zeigen kann.
- Filtere hinter all dem die Grundqualität heraus, die für dich den Frühling ausmacht. Es ist vielleicht nur ein leises, kleines Gespür – entdecke es in deinem Inneren.
- Lass dieses Gefühl für Frühling in jede Zelle deines Körpers fließen. Verankere es ganz tief in dir selbst. Vielleicht auch indem du dieses Gefühl mit einem Bild,

einer Geste, einem Lied oder etwas anderem verknüpfst. Dann kannst du später im Alltag noch leichter darauf zurückgreifen.

Zeit des abnehmenden Lichts: Sommer

Wie die Sonne täglich von Osten weiter nach Süden wandert, folgt auf den Frühling der Sommer. Die Tage sind jetzt lichtdurchflutet, es ist warm und wir verbringen möglichst viel Zeit draußen. Es ist eine Zeit der Begegnung und der Aktivität. Die Lebensgeister sind vollkommen wach, nur mittags dösen sie manchmal genüsslich im Schatten.

Der Sommer scheint dem konventionellen Geist unserer Zeit zuzurufen, dass Wachstum wunderbar und lebenserhaltend ist, dass es aber nirgends in der Natur unendlich weitergeht. Das kann es auch im Bereich des Menschengemachten nicht, wie wir allmählich und leider sehr schmerzhaft lernen. Irgendwann ist jeder Sommer zu Ende, dann kommt der Herbst, der das Erreichte würdigt und den Rückzug einleitet. Nach ihm überzieht der Winter die Welt mit seiner frostigen Starre, bringt alles zur Ruhe – und im nächsten Frühjahr wächst es erneut. Diesen Zyklus schon im Kleinen zu beachten, kann davor bewahren, ihn als Zusammenbruch im Großen erleben zu müssen.

Die Kraft des Südens hilft uns dabei, diese Zusammenhänge tiefer zu begreifen und uns statt kurzsichtigen Meinungen einer größeren Weisheit anzuschließen.

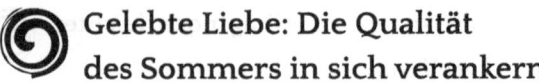 ### Gelebte Liebe: Die Qualität des Sommers in sich verankern

- Setz dich wieder in Ruhe hin und versetz dich in dein Gefühl für den Sommer hinein. Ruf dir das Flimmern der Hitze über einer Landschaft vor dein geistiges Auge, spüre den warmen Wind auf der Haut, den Zauber einer lauen, sternenklaren Nacht. Höre das Grillenzirpen und nimm den Geruch eines warmen Sommerregens wahr, schmecke süße Pfirsiche und reife Beeren auf deiner Zunge.
- Filtere hinter all dem die Grundqualität heraus, die für dich den Sommer ausmacht. Vielleicht ist es nur ein leises, kleines Gespür – entdecke es in deinem Inneren.
- Lass dieses Gefühl für den Sommer in jede Zelle deines Körpers fließen. Verankere es ganz tief in dir selbst. Vielleicht auch indem du dieses Gefühl mit einem Bild, einer Körperhaltung oder etwas anderem verknüpfen. Dann kannst du später im Alltag noch leichter darauf zurückgreifen.

Zeit der zunehmenden Dunkelheit: Herbst

Ab dem 21. September wird es wieder dunkler. Die Tag-und-Nacht-Gleiche markiert einen Gleichstand zwischen den Sonnenstunden und denen der Dunkelheit. Über drei Monate hinweg wird die Dunkelheit nun ihre Macht ausbauen. Für Pflanzen, Tiere und auch Menschen bedeutet das ganz natürlich, die Kräfte allmählich wieder ins Innere zurückzuziehen und alles darauf auszurichten, dass im kommenden Jahr ein erneutes kraftvolles Wachstum möglich wird.

In der Landwirtschaft ist dies seit alters her die Zeit der Ernte und des Danks für die Früchte, die das Jahr beschert hat. Bauern und Gärtner sorgten sich lange um den Boden und die Pflanzen – und nun erhalten sie ihren Lohn. Dieses Nähren und Genährtwerden lässt sich dabei auch auf andere Bereiche ausdehnen. In unseren Beziehungen, in den Familien und Freundeskreisen, im Beruf, in der Gesellschaft – überall leben wir im Austausch zwischen beiden Polen, der möglichst harmonisch gestaltet sein sollte, um langfristig zu funktionieren. Wir bringen ein und wir erhalten, wir schenken und wir werden beschenkt.

Der Herbst ist nicht zuletzt auch eine Zeit für wichtige Fragen wie: Leben wir Wohlstand und Fülle oder Gier und Übersättigung? Was geben wir, was gebe ich für all die Gaben aus der Natur zurück? Vielleicht unterstützt du eine Umwelt-schutz- oder Tierrechtsorganisation und kaufst bevorzugt kontrolliert ökologisch erzeugte Nahrungsmittel. Oder du legst dein Gärtchen so an, dass darin viele Tierarten Wohnraum finden. Auch das Vogelhäuschen oder der Brutkasten auf dem Balkon sind Gesten der Dankbarkeit an die Natur. Und sie machen ja nicht zuletzt dir selbst Freude, sie kommen am Ende immer auch wieder uns Menschen zugute. Auf unserer Welt ist eben alles miteinander verbunden. Ein stetiger und achtungsvoller Umgang mit den Wesen der geistigen Welt ist nicht zuletzt eine Möglichkeit, dem großen Ganzen Respekt zu zollen und sich beständig beraten zu lassen, was man im Sinne dieses großen Ganzen tun kann.

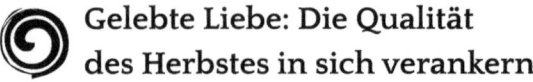 Gelebte Liebe: Die Qualität des Herbstes in sich verankern

- Setz dich wieder in Ruhe hin und versetz dich in dein Gefühl für den Herbst hinein. Ruf dir die in der Sonne leuchtenden, bunten Blätter vor dein inneres Auge, die Kürbisse in den verrücktesten Formen, Kinder, die Kastanien sammeln und leidenschaftlich-mutig dem Wind trotzen. Spüre dem Geheimnis der Nebel über der darunter zur Ruhe kommenden Welt nach. Erlebe den Geruch der nassen, laubbedeckten Erde, die wohltuende Dunkelheit am immer früheren Abend, nachdem du über so lange Zeit von so viel Licht nach draußen gerufen worden bist.
- Filtere hinter all dem die Grundqualität heraus, die für dich den Herbst ausmacht. Vielleicht ist es nur ein leises, kleines Gespür.
- Lass dieses Gefühl für den Herbst in jede Zelle deines Körpers fließen. Verankere es ganz tief in dir selbst. Nimm dafür auch hier möglicherweise noch ein Zeichen hinzu, das du später im Alltag gut einsetzen kannst.

Zeit der abnehmenden Dunkelheit: Winter

Der Winter gilt als die Zeit der Dunkelheit. Dabei wird es ab dem 21. Dezember bereits wieder heller. Es ist der dunkelste Tag des Jahres, danach geht es wieder aufwärts mit den Sonnenstunden. Spürbar wird das meist erst ab Anfang Februar, der 2. Februar heißt nicht von ungefähr traditionell Lichtmess. Eine recht lange Zeit der Kälte steht uns dann aber noch bevor. Es ist die Zeit, in der draußen wenig zu geschehen scheint. Die Menschen bleiben gern drinnen, vor allem aber die Natur ist im Rückzug, verborgen unterm Schnee, wenn es denn welchen gibt. Wenn nicht, dann sind die Wiesen grau und die Bäume kahl. Kein Vogel singt, die Welt der Natur ist still und von einer eigentümlichen Leere geprägt.

Im Verborgenen aber geht das Wachstum weiter. Die Zwiebeln und Samen in der Erde, die Knospen an den Bäumen und Sträuchern – überall sammelt die Natur Kraft für das Neue, das ganz sicher kommen wird. Sich daran zu erinnern, schafft auch in uns ein Vertrauen auf den Neubeginn, während wir still und inaktiv sind. Durststrecken gehören zum Leben wie der Winter zum Jahr.

Wieder ist es die Kraft des Nordens, die uns dabei die Chance gibt, in den gesunden Rhythmus zurückzufinden, wenn wir ihn verloren haben. Denn meist leiden wir ja nicht an zu viel Power, sondern an Erschöpfung. Und die lässt sich besonders gut im Winter auffangen, der mit den Rauhnächten beginnt, der Zeit »zwischen den Jahren«, in der es gesellschaftlich akzeptiert ist, nicht erreichbar zu sein und nicht zu arbeiten.[8] Aber auch darüber hinaus sollten wir uns in erschöpfenden Lebensphasen trauen, der Fragen nachzuspüren: Wie könnte ich es hinbekommen, ein bisschen Winterschlaf zu halten? Das kann bedeuten, insgesamt den Fokus auf die Ruhe zu legen, Termine, die sich absagen lassen, abzusagen – auch wenn es naturgemäß meist die sind, die Spaß machen: der Cafétreff mit Freundinnen, der Kinoabend oder die Party. All das kann uns Kraft und neuen Schwung geben. Manchmal aber füllt nur der Abend auf dem Sofa die Reserven zuverlässig wieder auf. Am besten mit wenig oder keinen Reizen wie fernsehen, weil diese Eindrücke auch wieder verarbeitet werden müssen. Etwas ruhige Musik, Kerzenschein, vielleicht das Tagebuch … und dann eintauchen in das eigene Innere, atmen, entspannen, gut.

Mit seinem Schnee bietet uns der Winter übrigens auch eine sehr schöne Möglichkeit der Selbsterkenntnis: Geh dafür über eine frisch verschneite Wiese. Dreh dich nach einer Zeit um und geh neben der Spur, die deine Füße hinterlassen haben, zurück. Betrachte diese Spur. Lass sie auf dich wirken. Was für ein Mensch ist hier entlanggegangen? Wie setzt er seine Schritte in der Welt? Was macht ihn aus? Spüre dein Mitgefühl für dieses Wesen.

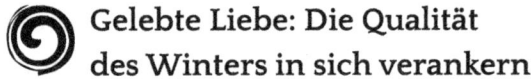 **Gelebte Liebe: Die Qualität des Winters in sich verankern**

- Setz dich wieder in Ruhe hin und versetz dich in dein Gefühl für den Winter hinein. Ruf dir die Stille über einer verschneiten Landschaft ins Gedächtnis. Sieh die Regenbogenfarben im sonnenbeschienenen Schnee vor deinem inneren Auge oder die kraftvolle Wirkung einzelner Farbtupfer in einer weiten, kargen Landschaft. Spüre die Geborgenheit, wenn du dich erinnerst, wie du in der Abenddämmerung im warmen Zimmer sitzt und nach draußen in ein Schneegestöber schaust.

- Filter hinter all dem die Grundqualität heraus, die für dich den Winter ausmacht. Vielleicht nur ein leises, kleines Gespür.
- Lass dieses Gefühl für den Winter in jede Zelle deines Körpers fließen. Verankere es ganz tief in dir selbst. Nimm dafür auch hier möglicherweise noch ein Zeichen hinzu, das du später im Alltag gut einsetzen kannst.

Was wird gerade gebraucht?

Hast du die vier Grundqualitäten verinnerlicht, stehen sie dir als ganz spezifische Kraftquellen im Alltag zur Verfügung. Dann kannst du an einem kalten Wintertag, der dich in schlechte Stimmung versetzt, die Qualität des Sommers abrufen und intensiv seine freundliche Wärme spüren. Oder du verbindest dich an einem schon etwas kühleren Abend im Spätsommer, wenn alles zu Ende zu gehen scheint, für ein paar Momente mit der verheißungsvollen Kraft des Frühlings. Das verbessert deine Laune und gibt dir beispielsweise die Kraft, an einem Projekt dranzubleiben, für das der Herbst eben noch nicht gekommen ist. Oder du visualisierst nach einem hektisch-heißen Sommertag abends eine kühle Winterlandschaft, um dich innerlich etwas abzukühlen und zur Ruhe zu kommen.

Jederzeit stehen dir natürlich auch die Kräfte der Himmelsrichtungen zur Verfügung. Du trägst mit all dem einen Schatz in dir, mit dem du harmonisierend auf alles einwirken kannst, was dir in der Welt oder im eigenen Inneren begegnet. Er ermöglicht es dir, geborgen im Fluss des Lebens mitzufließen, entspannt, staunend und voller Freude immer weiter lernend und wachsend. Übertragen wir diese Zusammenhänge nun auch noch auf den Tag.

Rhythmen des Lebens

Die großen Lebensphasen eines Menschen unterliegen dem gleichen Wechsel wie das Jahr. So können die Kindheit und die frühe Jugend als Frühling angesehen werden, die der Kraft des Ostens untersteht. Der Sommer, der Süden, das sind die kraftvollen Jahre der späten Jugend und der ersten Erwachsenenzeit, wenn es um Ausbildung, Arbeit, Familie geht und Werte im Innen und im Außen geschaffen werden. Dieser Zeit folgt der Herbst, wir sind nach wie vor tatkräftig, doch wir denken bereits ab und an zurück, wir würdigen uns im besten Fall für das bereits Gelebte, wir werden etwas ruhiger und genießen die Früchte des bislang Erreichten. Vielleicht einen gewissen Wohlstand, vielleicht ein etabliertes Selbstbewusstsein oder die innere Ruhe, die aus jahrelanger Meditation erwuchs. Irgendwann wird dann auch für uns Winter. Wir werden alt. Der Geist ist möglicherweise nicht mehr an allem interessiert, der Körper verliert nach und nach seine Kraft und Vitalität. Jeder geht anders mit dieser Lebensphase um, doch oft richtet sich die Aufmerksamkeit mehr und mehr nach innen. Am Ende steht der Tod, der uns von dieser Welt scheidet. Und vielleicht dämmert irgendwo anders ein neuer Frühling herauf.

Leben heißt Bewegung und Veränderung. Immer folgen die vier Grundenergien aufeinander, doch sie verfallen dabei in keinen starren Takt. Auch der Winter des Lebens kennt frühlingshaftes Sprühen, auch in der Blüte der Jugend geht es um Vergänglichkeit und Tod. Auch am Morgen können wir rückblickend danken, wenn uns danach ist, und auch im Winter vor Tatendrang schier platzen. Gerade durch ein verinnerlichtes Grundverständnis für die Kraft der Himmelsrichtungen können wir uns das Leben erleichtern und wissen, dass es vor allem auf eines ankommt: im Fluss bleiben, flexibel bleiben, dem Rhythmus des Herzens folgen und sich einbringen ins große lebendige Ganze.

Kleine Rituale
für Bewusstheit
und Stärke

Liebe zum Leben – das ist eine Haltung. Damit ist sie natürlich auch ein Teil des Alltags. Sie wird im Alltag gelebt, sie macht ihn weicher und mitfühlender, wir sind fürsorglicher, freundlicher, liebevoller. Das kann im Kleinen bereits sehr viel verwandeln. Doch diese Haltung hilft sogar bei alltäglichen und größeren Herausforderungen.

All die Anregungen der bisherigen Kapitel kannst du kreativ, frei und individuell in deinem Alltag nutzen – eine reiche Ressource für Erfüllung auf allen Ebenen. Zudem hat sich vielleicht auch dein Blick geweitet, mit dem du jetzt ganz allgemein die Stadt, die Natur und dein Leben und das der gesamten Menschenfamilie betrachtest. Es wird mehr sichtbar – und damit auch mehr möglich: mehr Inspiration, mehr Ideen und mehr Kraft, dies alles umzusetzen.

Auf den folgenden Seiten findest du spezielle Ideen für den Alltag, die auf all dem basieren, was einen Blick hinter die Vorhänge des Üblichen und Alltäglichen ausmacht. Lass dich davon inspirieren und baue das in dein Leben ein, was dich anspricht. Und dann: Lass vertrauensvoll den Wandel zu, der sich zeigen will.

Alles, was wir dir hier vorstellen, will dir nicht nur eine größere Bewusstheit für die Lebendigkeit geben, sondern auch neue Kraft für all deine Vorhaben. Die Zeiten heute sind sehr fordernd. Wir brauchen daher Werkzeuge, um all die Nachrichten und Anforderungen nicht nur auszuhalten, sondern um auf eine achtsame, gesunde, förderliche Weise damit umzugehen – im Sinne einer Liebe zum Leben.

Das innere Umschalten

Wenn du die praktischen Anregungen zum Erspüren der Atmosphäre in der Natur oder zur Kommunikation mit einem Baum ausprobiert hast, warst du bereits in einen veränderten Bewusstseinszustand eingetreten. Du hast dich vielleicht in den Baum hineinversetzt und die Atmosphäre zwischen dir und ihm wahrgenommen. Oder du hast der Stille hinter allen Geräuschen gelauscht. Vielleicht hast du dabei auch schon bemerkt, wie gut und in kraftvoller oder harmonischer Weise anders sich ein solcher Zustand anfühlt, wie sehr du dich für die verborgenen Stimmen der Natur, des Geistigen und auch deines eigenen Inneren öffnen konntest. Die Aktivität deines Gehirns ist ruhiger geworden, und das tat insgesamt gut.

Da uns unser Alltag heute mit vielfältigsten Reizen regelrecht überflutet, ist es sehr hilfreich, sich Auszeiten in einem solchen Bewusstseinszustand anzugewöhnen und seine Besonderheit nutzen zu lernen. Genau dafür dienen auch die folgenden vielfältigen einfachen Angebote, die dir helfen, zu deine eigene Kraft, in deine heilsamen Innenräume und in eine tief gefühlte Verbindung zum großen Ganzen ebenso wie zur Urnatur allen Lebens zu finden. Solche veränderten Bewusstseinsformen gibt es in allen spirituellen Traditionen und Richtungen. In einer Meditation beispielsweise verändert man den Bewusstseinszustand, ebenso beim geistigen Heilen oder im Gebet.

Springen wir in die Alltagsrealität: Was unser Leben heute zu einem großen Teil bestimmt, das sind Stress, Leistungsdruck und Zeitnot. Und das sind nicht nur die Feinde unserer Gesundheit und unseres Wohlbefindens, es sind auch die Zustände, die einem liebvollen und erweiterten Bewusstsein entgegenstehen. In diesem Zustand der zweiten Aufmerksamkeit aber, offen für andere Realitäten, haben wir Zugang zu heilsamen Kräften in uns selbst, in der Natur und in der geistigen Welt. Wir haben also die Wahl: alltägliche Trance der Unbewusstheit oder ein zunehmend wacher Geist, der die Realitäten klar erfassen kann.

Wir erschaffen unsere Realität tatsächlich selbst. Bei den Kahunas, den Schamanen Hawaiis, heißt es: »Die Welt ist das, was du denkst, was sie ist.« Wir entscheiden also mit unserer Wahrnehmung und unseren Gedanken, wie die Welt ist. Nicht eine objektive Welt – was könnte überhaupt »objektiv«

sein? –, sondern die Welt, in der wir ganz individuell leben. Es geht nicht darum, von den realen Gegebenheiten wegzuschauen und »nur« auf das Schöne, Gute, Angenehme zu blicken, sondern darum, die Aufmerksamkeit auf das zu lenken, was förderlich ist. Dem Verhalten, den Qualitäten und Zielen die Aufmerksamkeit zu schenken, die wir vermehren wollen. Dann leben wir mit unserem Bewusstsein in einer Welt, in der positive Veränderungen möglich sind und es immer wieder neu Lösungen gibt.

Es ist eine der vielen Formen des Umschaltens in einen wacheren Bewusstseinszustand, sich klar zu werden, dass man eine »gefärbte Brille« mit sich herumträgt, die die Wahrnehmung trübt. Selbstbeobachtung kann hier sehr gut helfen, beispielweise mit einer Einfrierübung, wie wir sie schon für Naturerfahrungen vorgeschlagen haben. In der Stadt klappt das ohne Zeitaufwand am besten, wenn du irgendwo wartest, vielleicht an der Supermarktkasse oder auf den Bus oder einfach zwischendurch. Mit dieser Übung entwickelst du mit der Zeit ein Bewusstsein dafür, wie du denkst, dich bewegst, wie du fühlst. Du wirst mit etwas Praxis bemerken, wie sich bestimmte Muster beinahe von selbst lösen. Du trainierst sozusagen dein Bewusstsein, und durch die Aufmerksamkeit, die du auf eine Angewohnheit oder eine Prägung richtest, ändert sich diese mit der Zeit.

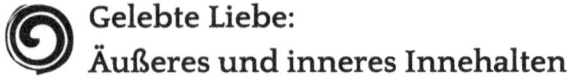 **Gelebte Liebe:**
Äußeres und inneres Innehalten

- Du stehst oder sitzt irgendwo in deinem Alltag, erinnerst dich an diese Übung und hältst plötzlich inne, wie eingefroren.
- Nimm bewusst wahr: Wie stehe ich? Wie sitze ich? Was fühle ich? Welche Haltung hat mein Körper, wie fühlt sich mein Gesicht an? Was machen die Hände? Nimm nur wahr, verändere nichts.
- Frage dich auch: Bin ich in Verbindung mit meiner Umgebung? Nehme ich sie wahr? Oder habe ich allenfalls durch den Schleier meiner aktuellen Stimmung geschaut oder von einem rasenden Gedankenkarussell aus nichts mehr wahrnehmen können?
- Das bewusste Bemerken dessen, was du tust, bewirkt immer schon ein kurzes Aufwachen.

Du kannst mit dieser Übung auch spielen und dir Zeichen setzen, die dich zum Innehalten auffordern, wie du es schon in der freien Natur geübt hast: Das erste grüne Auto, das du siehst. Wenn du ein lautes Geräusch wie Bremsenquietschen oder Hupen hörst – immer dann frierst du ein und nimmst dich und deine Umgebung bewusst wahr. Oder aber du stellst dir den Wecker deines Handys, der dich dann erinnern soll, zwischendurch vollständig wach zu werden.

Du kannst die unterschiedlichsten Techniken durchprobieren und weitere erfinden. Denn das Umschalten im betriebsamen

Alltag braucht einerseits Übung und andererseits immer wieder eine bewusste Erinnerung. Wir können nicht ununterbrochen bewusst sein, wir werden immer wieder ins Unbewusste abtauchen. Aber wir können uns darin schulen, dies immer häufiger zu bemerken. Und indem wir es bemerkt haben, sind wir bereits wach geworden.

Falls dich interessiert, wie du eigentlich immer wieder unbewusst wirst, kannst du das in einer Meditation erkunden.

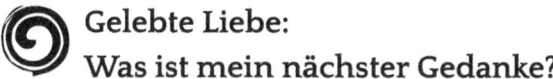 **Gelebte Liebe:**
Was ist mein nächster Gedanke?

- Setz dich bequem, mit aufrechtem Rücken hin. Atme ein paar Mal tief ein und aus. Atme dann normal in einem ruhigen natürlichen Rhythmus weiter und entspanne dich mehr und mehr.
- Frage dich nun: Was wird mein nächster Gedanke sein?
- Und nun warte ab. Lausche gespannt, damit du diesen nächsten Gedanken nicht verpasst, sondern sofort bemerkst, wenn er kommt.
- Merkst du, was passiert? Er lässt sich etwas Zeit. Jetzt, wo er derartig stark unter Beobachtung steht, bleibt der Gedankenapparat stumm. Was bleibt, ist achtsame Aufmerksamkeit, klares Bewusstsein, Leere, Stille.
- Und irgendwann bemerkst du, dass du doch schon wieder an irgendetwas denkst und zur Wachheit zurück umschalten musstest. Wie aber hat das Denken begonnen? Forsche weiter – es verschafft dir immer wieder Momente klarer Bewusstheit.

Diese Übung wird beispielsweise beim Erlernen der Quantenheilung gern vorgeschlagen, weil man für diese Methode in der Lage sein muss, einen Zustand des reinen Bewusstseins zu erschaffen und für einige Momente zu halten. Überall stoßen wir darauf, dass es heilsam ist, diese Wachheit zu erreichen.

Kostbare Momente wacher Stille

Das Umschalten in ein wacheres Bewusstsein ist immer wieder das Wesentliche, auf das wir hier zurückkommen. Es ist nicht das, sondern der Dreh-Moment, der Moment, in dem es sich dreht, in dem du von der reinen Denktätigkeit oder einer Alltagstrance in die Wachheit kommst, in die Aufmerksamkeit und Achtsamkeit. Du spürst dich selbst und deine Umgebung. Wach, freudvoll und lebendig.

Wenn du das Switchen in der Wahrnehmung vom Fokus auf das Alltägliche hin zum Nichtalltäglichen einmal erlernt hast, wird es dir auch im Alltag leichtfallen, darauf zurückzugreifen – und einfach umzuschalten in die »zweite Aufmerksamkeit«. Du bist dann zunehmend in der Lage, auch mittendrin im Alltagsgetümmel wach zu sein und das wahrzunehmen, was du sonst nicht bemerkst: die Lebendigkeit in einem Baum, deinen eigenen Atem, die Stille hinter den Geräuschen. Letztlich das Unbeschreibliche, dem sich Worte immer nur annähern können, das sie aber nie ganz erfassen können. Es lässt sich nur erleben, in all seiner heilsamen und belebenden Kraft.

Der heilige Raum

Eine besonders kraftvolle Art, im Bewusstsein umzuswitchen, ist es, einen »heiligen Raum« zu erschaffen. Diese Tradition kommt aus dem Schamanischen und es werden dafür die schon genauer besprochenen Himmelrichtungen und zudem Vater Himmel und Mutter Erde begrüßt und eingeladen, mit uns zu sein – bei einem Vorhaben, einem Ritual oder einfach über den Tag oder die Nacht.

Das Erschaffen des heiligen Raumes stellt das Bewusstsein auf etwas Außeralltägliches um, er vermittelt also das Umschalten in den wacheren Bewusstseinszustand. Zugleich schaffen wir uns damit einen schützenden Rahmen und signalisieren der geistigen Welt, dass wir sie in unser Leben einbeziehen möchten, dass wir sie einladen, mit uns gemeinsam zu wirken. Denn ob ausgesprochen oder nicht, der heilige Raum ist eine Öffnung hin zum Geistigen, zum großen Ganzen. Er ist ein Raum, in dem alles, was geschieht, im Sinne der geistigen Ordnung ist. Ich (Vera) beginne seit Jahrzehnten meinen Praxistag, jedes Seminar und alle Rituale damit, einen heiligen Raum zu schaffen.

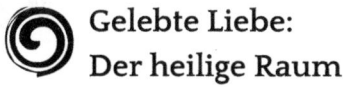 **Gelebte Liebe:
Der heilige Raum**

· Setz oder stell dich entspannt hin und atme ein paar Mal tief ein und aus, um dich zu beruhigen und ganz an deinem Platz anzukommen.

- Du kannst eine Kerze anzünden, wenn du das möchten. Auch sie schafft ein Bewusstsein für das Besondere.
- Wenn du möchtest, kann du eine Rassel nutzen, um durch den gleichförmigen Klang bereits in einen offeneren Bewusstseinszustand zu kommen.
- Spüre in den Raum hinein. Vielleicht nimmst du vor und hinter dir und zu deinen beiden Seiten so etwas wie ein Kraftfeld wahr, in dem du dich geborgen und gut aufgehoben fühlst.
- Wende dich nun mit dem ganzen Körper oder nur innerlich der Himmelsrichtung Osten zu. Lade die Kraft des Ostens zu dir ein, indem du leise für dich oder laut so etwas formulierst wie: »Kraft des Ostens, ich lade dich ein, hier mit mir zu sein.« Spüre zur Energie des Ostens hin.
- Mach das Gleiche dann für die Kräfte von Süden, Westen und Norden – und vielleicht auch noch für Vater Himmel über dir und Mutter Erde unter deinen Füßen. Versuche jedes Mal diese besonderen Qualitäten zu erspüren.
- Bleib noch einen Moment ruhig stehen oder sitzen und spüre den heiligen Raum, der um dich herum entstanden ist, der dich schützt und deinem Tag oder deinem Vorhaben einen kraftvollen und liebevollen Rahmen bietet.

Mit welchen Worten du die einzelnen Himmelsrichtungen einlädst, ist natürlich dir überlassen. Du kannst ganz ausführlich all die Qualitäten aufzählen, die du jeweils mit ihnen verbindest. Oder du hältst es kürzer und verbindest dich nur innerlich mit ihnen – für jede Richtung ein Augenblick des Innehaltens. Es reicht auch, einfach nur eine Kerze anzuzünden und dabei im Sinn zu haben, wofür du es tust: für deine Verbindung mit dem großen Ganzen. Probiere aus, was für dich am besten passt. Es wird sich auch immer wieder wandeln, mal wirst du ausführlicher sein wollen, mal darf es schnell gehen. Wichtig ist, dass in dir ein deutliches Gefühl für einen heiligen Raum entsteht, für die Heiligkeit um dich herum und in dir selbst.

Kleine Rituale

Eine große Kraft entfalten Dinge, die regelmäßig getan werden – Rituale. Insbesondere als Alltagsrituale sind sie sehr wertvoll, weil sie uns tatsächlich alltäglich im Nichtalltäglichen verankern können. Das erweitert unseren Horizont nachhaltig. Viele Menschen erleben auf Seminaren oder in besonderen Lebenssituationen Momente großer Wachheit und weit geöffneter Tore im Herzen und im Geist. Durch den Alltag aber verschließen sie sich dann meist wieder und wir verengen unseren Blick erneut. Alltagsrituale nun sorgen dafür, dass diese Tore nicht mehr ganz so weit zu gehen und irgendwann vielleicht einfach offen bleiben – was auch geschieht, wir bleiben in unserer Mitte, wach, bewusst und klar.

Wenn du ein Alltagsritual in deinem Leben etablierst oder ausbaust, kommt es tatsächlich darauf an, dranzubleiben. Die positiven Wirkungen flammen anfangs kurz auf, dann aber heißt es, auch an den Tagen weiterzumachen, an denen du keine Lust hast oder keine Zeit zu haben meinst. Such dir daher ein kleines Ritual, das dir wirklich Freude macht, das dir leichtfällt und das nur so viel Zeit braucht, wie du tatsächlich täglich aufbringen kannst und willst. Es sollten keine großen Vorbereitungen nötig sein, schließlich geht es um das Bewusstsein, mit dem du dabei bist, um das Umschalten zur inneren Klarheit und Wachheit. Wichtig ist einfach, dass du es zu einer stärkenden Gewohnheit werden lässt. Einmal etabliert, wirkt es immer, auch wenn du das nicht immer spürst. Das gilt für schamanische Methoden ebenso wie für die halbstündige Zen-Meditation am Morgen. Möglichkeiten gibt es unendlich viele, zum Beispiel:

- Der heilige Raum am Morgen.
- Ein Morgengebet – für dich, für deine Lieben, für die Erde.
- Morgenmeditation.
- Unter der Dusche an die Kreisläufe des Wassers in der Natur denken und dem Element Wasser – vielleicht sogar mit einem Lied – danken
- Nach dem Mittagessen innehalten und drei bewusste Atemzüge nehmen.
- Jeden Abend nach dem Nach-Hause-Kommen ein Musikstück lang tanzen.
- Ein Lieblingslied, das Kraft und Freude vermittelt, vielleicht ein Kraftlied oder Mantra, einmal am Tag, beispielsweise auf dem Arbeitsweg, ganz bewusst hören und dabei in Herz und Bauch hineinspüren.
- Ein Kraftlied oder Mantra singen.
- Die drei Anker neu beleben – siehe Kapitel »Lieblingsorte zu Kraftplätzen machen«.
- Abends eine Kerze anzünden und die vier Himmelsrichtungen grüßen, dazu Himmel und Erde.

- Abends eine Kerze anzünden und sich mit dem Licht im eigenen Inneren verbinden.
- Abends in einem Glückstagebuch reflektieren, was an diesem Tag schön war und gut gelaufen ist (fünf Dinge aufschreiben – eine Kernmethode der Positiven Psychologie, für ein Leben in der Aufwärtsspirale).
- Abends für die Schönheiten des Lebens danken.
- Ein Abendgebet.

Du siehst, es können ganz simple Handlungen zu deinem Alltagsritual werden. Wichtig ist das regelmäßige Tun. Manches passt zwischen Anziehen und Zähneputzen: ein Lied, ein Dank. Oder das allmorgendliche innerliche Zuzwinkern zu unsichtbaren geistigen Helfern, das genauso auch auf der Rolltreppe hinunter zur U-Bahn möglich ist.

Die alltägliche Erinnerung: der Altar

Ein kleiner Schrein am Meditationsplatz, der Herrgottswinkel in traditionellen katholischen Wohnstuben, die Buddha-Figur in einer Ecke des Zimmers, der Kerzenhalter auf dem Nachttisch, neben dem man am Abend ein Dankgebet spricht – zu vielen Wohnungen gehört ganz selbstverständlich eine Art Altar. Es ist ein Platz, der uns Menschen über bestimmte symbolhafte Gegenstände mit den höheren, den geistigen und spirituellen Ebenen verbindet. Wir wenden uns dort bewusst an sie und erhalten von ihnen ein Gespür für ihre wirksame Existenz zurück. Wir fühlen, dass sie da sind und dass wir ein Teil des großen Ganzen sind. Das gibt uns Kraft für unser Dasein, einen Sinn im Leben, der uns trägt und freudig stimmt. Altäre sind damit nicht zuletzt auch eine Erinnerung an diese nichtalltäglichen Ebenen, wenn wir im Trubel des oft gänzlich weltlichen Alltags unsere Orientierung darauf zu verlieren drohen.

Ein Altar muss dabei keinesfalls das klassische Tischchen mit einer Kerze und dem Bild von etwas Verehrtem sein. Es gibt ganz viele – und teilweise auch sehr unauffällige – Gestaltungsarten, die damit dann sogar auch ins Büro passen: Das Foto auf dem Schreibtisch, das etwas symbolisiert, was dir Kraft gibt. Die Collage an der Wand, die dich mit dem verbindet, was dir heilig ist. Die kleine Krafttierfigur, die du auf die Erde in einem Blumentopf gesetzt hast und die dort jetzt wie im Wald sitzend ein Stück Natur repräsentiert. Ein Stein oder eine Tierfigur im Regal, die in einem besonders wichtigen Moment deines Lebens zu dir gekommen sind. Ein Bäumchen auf dem Balkon, an das du mit bunten Bändern deine Wünsche gehängt hast oder deine Gebete für die Natur und die Erde. All das ist nicht neu, viele gestalten sich ihr Umfeld seit Langem so. Wir brauchen uns nur daran zu erinnern, die Räume und Dinge um uns herum bewusst mit Kraft aufzuladen und als Kraftanker für ein erfülltes Alltagsleben anzusehen.

Die kleinen Wunder bemerken

Ob zu Hause, am Arbeitsplatz oder auf den Straßen deiner Stadt, überall kannst du nach dem Zauberhaften des Lebens Ausschau halten, das so viel öfter da ist, als wir es im Alltag bemerken. In dem Regenbogen, der auf deinem Schreibtisch erschient, weil sich die Sonnenstrahlen in einem geschliffenen Glas am Fenster brechen. Im Lächeln eines Kindes. Im Schnurren einer Katze. In den Jugendlichen, die auf der Straße Musik machen oder jonglieren. In der Verkäuferin, die versonnen in sich hineinlächelt. In der alten Dame, die bedächtig und ruhig ihren Einkaufstrolley nach Hause zieht. Im Anruf einer Freundin, der genau in dem Augenblick kommt, in dem du dich allein fühltest. Und natürlich in dir selbst, wenn du »umgeschaltet« hast und still, dankbar und offen die Lebendigkeit von allem spüren, das Leben an sich.

Mit Stimmungen liebevoll umgehen

Mit der Grundidee des Umschaltens in eine wachere Bewusstheit als Basis und all den weiteren Anregungen kannst du dein Leben lang spielen, experimentieren und den Alltag kreativ gestalten. Gerätst du in Untiefen, hast du ebenfalls einiges an Möglichkeiten, um dir zu helfen und die Herausforderung als Anstoß zur Weiterentwicklung zu nutzen. Die folgenden Anregungen wollen dich nicht zuletzt einladen, auch selbst erfinderisch zu werden, um das Leben erfüllt und gelingend zu gestalten und die Liebe zum Leben in dir wachsen zu lassen. Denn das geschieht wie von allein, wenn wir unser Leben im schönsten Sinne gelingen lassen.

Befindlichkeiten wandeln

Oft sind wir einfach nicht gut drauf. Auch das gehört zum Menschsein. Hier helfen beispielsweise Minirituale des Loslassens: Gib eine schlechte Stimmung oder Ärger beispielsweise dem Fluss mit, wenn du über eine Brücke fährst oder gehst, bitte das Wasser dabei darum, die Energie zu transformieren.

Oder du findest ein Symbol dafür, dass etwas zu Ende gegangen ist und du dich verabschieden willst, und gibst dies dem Fluss. Eine Freundin von uns hat am Ende ihrer Ehe der Isar, zu der sie eine innige Beziehung hatte, ihren Ehering übergeben – sie hat ihn einfach in einem kleinen Ritual von der Brücke geworfen. Natürlich solltest du nicht alles Mögliche in den nächstbesten Fluss kippen. Aber du kannst das, wovon du dich verabschiedest auf ein Minizettelchen schreiben, die Qualität aus deinem Herzen dort hineinfließen lassen und es dann dem Fluss übergeben. Mit der Bitte, er möge es transformieren und die Energie wieder dem Leben übergeben.

Nie geht es dabei darum, etwas »loswerden« zu wollen. Das ist gerade für die folgende Übung wichtig, bei der du dich fragst, wo die Energie hinter dem Gefühl, das für dich nicht mehr stimmt, denn gebraucht werden könnte. Wut beispielsweise dient dann keinem aggressiven Ziel, sondern umgewandelt in konstruktive Zielgerichtetheit und Impulskraft einer Sache zum Wohle des Ganzen.

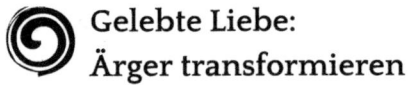 **Gelebte Liebe:**
Ärger transformieren

- Finde ein Symbol für den Ärger, der dich nicht mehr loslässt. Du kannst ihn auch in Worten formulieren.
- Bring das Symbol oder die Worte auf ein Stück Papier und spüre deinen Ärger, um ihn mit dort hineinfließen zu lassen.

- Bitte die geistige Welt, diesen Ärger so weit zu transformieren, dass eine starke Durchsetzungskraft oder auch eine Art heiliger Zorn daraus wird.
- Überlege nun, wo in deiner Stadt diese Kraft gebraucht werden könnte. Vielleicht vor dem Parlament, in dem es gerade eine Debatte gibt, bei der die Belange der Kinder oder der Umwelt zu wenig Beachtung finden?
- Bring dein Papier mit der Durchsetzungskraft dorthin. Stell dich vor das Gebäude, zerrupfe dein Blatt in kleine Stücke und verteile sie in die Papierkörbe ringsherum. Lass bewusst deinen transformierten Ärger dort, um etwas Gutes zu bewirken.
- Wenn du nicht vor Ort sein kannst, weil du beispielsweise meinst, dass dein Ärger nach Brüssel gehört, dann lass ihn nur in deiner Vorstellung transformiert dort ankommen.

Wenn du häufiger von negativen Gedanken geplagt wirst, probier einmal Folgendes: Wann immer du durch die Stadt gehst, wechsle die Straßenseite, sobald du einen negativen Gedanken bemerkst oder innerlich schimpfst. Das ist schon alles. Lass dich überraschen, wie es sich auswirkt.

Solche kleinen Übungen sind die Erste Hilfe, aber sie setzen auch längerfristige Veränderungen in Gang, da sie das Bewusstsein für unsere Muster sensibilisieren. Das wird sich dann irgendwann geschicktere Strategien im Umgang mit dem Leben aneignen. Ähnlich ist das auch mit dem Warten, dass uns so lange ärgert, bis wir es für kleine Bewusstseinsübungen zu nutzen beginnen.

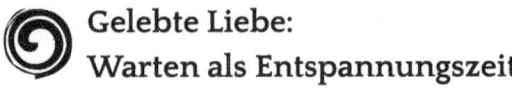 Gelebte Liebe:
Warten als Entspannungszeit

- Wenn Stau ist, geht nichts mehr. Wenn die S-Bahn ausfällt, wenn sich eine Warteschlange bildet, dann heißt es eben warten. Und genau das ist die Gelegenheit für einen Moment der Entspannung. Du weißt, dass du die Situation nicht ändern kannst. Auch wenn du es nicht willst, es hat sich unerwartet ein Zeitfenster aufgetan.

- Da du jetzt ohnehin still irgendwo sitzt oder stehst – spüre einmal in dich hinein. Nimm die Aufmerksamkeit weg von der Situation im Außen und nimm dich selbst wahr, deinen Körper, deinen Atem. Kannst du eine Anspannung spüren, weil es eigentlich weitergehen sollte? Wie fühlt sich das an? Wo im Körper spürst du es?

- Vielleicht mischen sich immer wieder ärgerliche Gedanken ein. Aber es hilft nichts. Du kommst jetzt nicht so schnell weiter, wie du es willst. Aber du sitzt oder steht hier, du atmest. Du siehst, wie langsam sich alles bewegt oder dass sich gar nichts bewegt. Du atmest ruhig ein und aus, entspannst die Bauchdecke, lässt die Schultern sinken. Aufmerksam und doch entspannt verfolgst du das Geschehen, bist ganz bei dir und machst Pause.

Gutes Miteinander

Als menschliche Wesen wollen wir mit anderen verbunden sein, wir wollen wirklich erleben, dass wir Teil eines Ganzen sind – einer Menschheit, eines Kosmos. Doch wenn so viele unterschiedliche Menschen auf engem Raum zusammenleben, klappt das nicht immer konfliktfrei. Vor allem aber führt es dazu, dass man sich gegenseitig gar nicht mehr wahrnimmt, insbesondere nicht in seiner Individualität und Qualität. Wenn du hier für dich neue Wege suchst: Setz dich in ein Café, wo auch draußen bedient wird, oder nutze die Fahrten zur Arbeit in öffentlichen Verkehrsmitteln. Beobachte unauffällig die Leute um dich herum und frage dich bei jedem, der dir auffällt: Worüber würde sich dieser Mensch freuen? Mal dir dann aus, wie diese Freude aussehen würde.

Du kannst dir gerade bei griesgrämig wirkenden Menschen vorstellen, wie sie aussehen würden, wenn sie frisch verliebt wären. Das ganze Gesicht, die ganze Ausstrahlung wären wie verwandelt. Und du könntest plötzlich auch am größten Unsympathen schöne, herzliche Seiten entdecken.

Die folgende Praxis ist ähnlich und an den Buddhismus angelehnt. Durch Vorurteile verderben wir uns die Stimmung und unterschwellig auch das allgemeine Miteinander. Wenn du mit öffentlichen Verkehrsmitteln zur Arbeit und wieder nach Hause fährst, kannst du diese Zeit nutzen, um Vorurteile in Mitgefühl verwandeln zu üben.

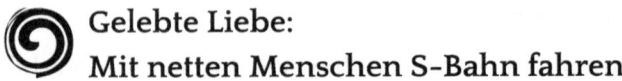

Gelebte Liebe:
Mit netten Menschen S-Bahn fahren

- Halte in der S-Bahn nach einem Mitreisenden Ausschau, der dir sympathisch ist. Überlege, was dir an dieser Person gefällt. Welche Qualitäten hat sie, die du auf Anhieb magst? Strahlt sie vielleicht Mütterlichkeit aus oder frische Neugierde, ein ungezähmtes Temperament oder große, sanfte Feinheit?

- Im nächsten Schritt wähle jemanden, der dir unsympathisch ist, der dir einfach nicht gefällt oder dich sogar abstößt. Nun suche das Schöne, Angenehme, eine gute Qualität auch in ihm. Du schaltest um von deinen Vorurteilen in eine umfassendere Betrachtungsweise, die ein Gegenüber so lässt, wie es ist, und erkennt, dass jeder seine Geschichte und seine vielen Facetten hat.

- Wenn du dies ab und an praktizierst, wird dein Mitgefühl für andere spürbar wachsen, und nicht zuletzt wirst du es bald genießen, von so vielen wunderbaren Menschen umgeben zu sein.

Mit den Fremden in der S-Bahn ist es oft leichter, in Harmonie zu kommen, als mit den Menschen, mit denen wir tagtäglich zu tun haben: Partner, heranwachsende Kinder, Kollegen, Vorgesetzte. Hast du Lust, dich einer Missstimmung einem solchen Menschen gegenüber einmal in einer etwas ungewohnten Weise anzunehmen? Vielleicht erinnerst du dich an die Praxis, einen Baum auf dich wirken zu lassen und sowohl ihn als auch sich selbst und das Feld dazwischen zu spüren. Genau dies wollen wir jetzt für die Auseinandersetzung mit einem gerade etwas nervig wirkenden Mitmenschen weiterentwickeln.

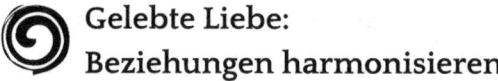

Gelebte Liebe: Beziehungen harmonisieren

- Nimm dir ein wenig Zeit und setz dich an einen ruhigen, kraftvollen Platz, an dem du für einige Minuten nicht gestört wirst. Stelle möglichst eine zweite Sitzgelegenheit deinem Sitz gegenüber, etwa zwei bis drei Meter entfernt.
- Schließ die Augen. Werde dir deines Atems bewusst und spüre in deinen Körper hinein. Fühle, wie die Füße den Boden berühren, wie das Becken den Sitz berührt, deine Haltung im Rücken.
- Denke jetzt an den Menschen, mit dem es momentan Spannungen gibt, vielleicht ein Kind im Teenageralter oder eine Kollegin, und spüre, was dies in dir auslöst. Nimm das Gefühl einfach in dir wahr, vielleicht Wut oder Trauer.
- Stell dir jetzt vor, die betreffende Person sitzt vor dir auf dem anderen Stuhl. Lass die Augen geschlossen und spüre zu diesem Gegenüber hin. Was nimmst du wahr, welche Emotionen gibt es dort, welche Stimmung?
- Lenke deine Aufmerksamkeit jetzt auf das Feld zwischen euch beiden und spüre dort hinein.

- Wenn du jetzt erneut in dich selbst hineinspürst, kommst du vielleicht in noch tiefere Schichten deines Fühlens. Dann zeigt sich vielleicht eine Angst hinter der Wut, eine Enttäuschung hinter der Trauer. Nimm auch das einfach wahr, gib ihm Raum.

- Nun lade eines der vier Elemente ein, das sich zwischen euch beide schieben soll. Erde, Feuer, Wasser, Luft – du musst nichts sehen, du kannst es als eine Grenze erleben oder einfach spüren, dass es da ist. Du bist auf deiner Seite jetzt für dich und bleibst mit der Aufmerksamkeit auch weiterhin ganz bei dir selbst.

- Verbinde dich nun mit dem Element und lass dich von ihm reinigen. Du wirst durchgespült oder im Rauch des Feuers gereinigt, oder die Erde nimmt dir alle Schwere und alles Alte ab, die Luft pustet als Wind alles unbrauchbar Gewordene von dir weg.

- Wenn du so weit bist, löse dich von diesem Element, danke für die Reinigung, verabschiede dich und spüre wieder ganz dich selbst. Wie fühlst du dich jetzt?

- Bleib bei dir und nimm nun erneut dein Gegenüber auf dem anderen Sitz wahr. Schau den anderen mit deinen inneren Augen an, als würdest du ihn zum ersten Mal sehen. Prüfe, ob du ihm jetzt in einer neuen, vielleicht neutraleren Haltung begegnen kannst.

- Wenn du willst, kannst du auch ein paar Worte an diesen anderen Menschen richten. Lausche dann innerlich, ob er dir etwas antwortet.

- Danke ihm für diese Begegnung und verabschiede ihn. Lass das innere Bild verschwinden und komm ganz bei dir an, bevor du die Übung beendest.

Achtsamkeit, Stille, Heiligkeit

Unser Alltag steckt voller Möglichkeiten, den Reichtum der wacheren, nichtalltäglichen Bewusstheit in unser Leben zu holen und uns davon heilsam verwandeln zu lassen. Immer mehr Menschen leben heute mit dieser Ausrichtung, jeder auf seine individuelle Weise. Und indem es eine wachsende Zahl von Menschen so lebt, wird auch unsere gemeinsame Wirklichkeit immer mehr zu einem Ort der Kraft und der Schönheit.

Welcher spirituellen Praxis du auch folgen magst, immer veränderst du dein Bewusstsein und schaltest zu einer umfassenderen Wahrnehmung um als der alltäglichen. Und immer führen dich diese Praktiken dahin, deutlich achtsamer zu sein. Du bemerkst mit wacheren Sinnen, was in diesem Moment geschieht. Du erlebst, was in dir selbst passiert. Du schulst nicht zuletzt auch dein Körperbewusstsein und deine Aufmerksamkeit ganz allgemein.

Du kommst beispielsweise aus einer Meditation, einer Heilsitzung oder von einer schamanischen Reise zurück und empfindest pure, staunende, berührte Dankbarkeit darüber, dass du so etwas erleben darfst. Du fühlst dich im tiefsten Inneren berührt und auf seltsame Weise eins mit den größeren Kräften des Lebens. Du entwickelst ein Bewusstsein für Kraft und Tiefe, für die reine Fülle des Lebens.

Wie auch bezüglich heilsamer Aufenthalte in der Natur geht es hier genau darum: um das Ankommen bei sich selbst, das Gefühl der Geborgenheit, das Wahrnehmen der Stille hinter den Geräuschen, das Erspüren der Heiligkeit, die das Leben für den ausmacht, der hinter die Dinge schaut. Dass du dich in einem solchen Zustand nicht nur wacher, sondern auch wohler fühlst, angekommen, heil, das hängt aus der schamanischen Sicht auch damit zusammen, dass alle Dinge beseelt sind. In allem, was ist, wohnt ein göttlicher Funke, alles gehört zum Sein, zum Göttlichen, zum Leben selbst dazu. Das ist schwer zu erklären, da Worte hierfür nicht ausreichen. Aber es ist zu erspüren, wenn du zum Beispiel nachts in den Sternenhimmel schaust und einfach nur staunst. Wenn alles beseelt ist, wenn alles den gleichen Funken an Lebendigkeit in sich trägt wie wir Menschen auch, dann ist es genau dieser wachere Bewusstseinszustand, der uns das nicht nur wissen, sondern erleben lässt – und uns damit heilt, also »in Ordnung« bringt. Und wenn wir heil werden, hat das wiederum Auswirkungen auf das Ganze.

Aufstehen für die Liebe zum Leben

Sind wir wirklich bei uns, verbunden mit unserem Selbst, mit den geistigen Sphären, mit dem großen Ganzen, dann sind wir auch ein kreativer Teil des Ganzen. In einen wacheren, klareren Bewusstseinszustand umzuschalten, ist die Basis dafür. Als bewusste Menschen sind wir Gestalter, wir wandeln das Atmosphärische und darüber unser näheres und weiteres Umfeld sowie die Umwelt. Wir leben unsere Schöpferkraft. Aus dem tieferen oder höheren, dem reinen Bewusstsein heraus (wie auch immer du es nennen willst) erfahren wir uns selbst als die formenden Kräfte des Lebens – und damit auch der Erde, die wir alle teilen.

Heute finden sich immer mehr Menschen zusammen, um gemeinsam in Achtsamkeit und Liebe für das Wohl von Menschheit, Natur und Erde einzustehen. Da gibt es beispielsweise die Initiative »Der goldene Faden« der Zen-Meisterin Annette Kaiser oder das »Web of Light« der Schamanin Sandra Ingerman. Oder »Aufstehen für das Leben« – das Motto einer noch jungen Bewegung, der wir uns zugehörig fühlen. Sie verbindet Menschen, die angesichts liebloser Irrwege der Menschheit aufstehen und zeigen, dass es auch anders geht – im alltäglichen Konsumverhalten, in der Art der Ernährung, im Miteinander, im Bewahren der Werte des Menschlichen. Es sind Menschen, die in Liebe zu allem Leben auf dieser Erde aktiv werden – still, unauffällig zunächst, doch mit ansteckender Wirkung. Immer mehr Menschen kultivieren in sich diese Haltung der Lebensdienlichkeit, die dem lebensfeindlichen Denken und Handeln unserer gegenwärtigen Kultur etwas entgegensetzt. Jeder von ihnen lebt diesen »stillen Aufstand« an seinem Ort und auf seine Weise – und weiß sich zugleich verbunden mit allen anderen, die in dieser Haltung sind. Man tauscht sich aus, informiert und inspiriert sich, stärkt sich gegenseitig.

Wie ein Mycel weitet sich die Bewegung aus: Pilzgeflechte gehören zu den absolut größten Lebewesen auf unserem Planeten. Unter der Erde, verborgen und unmerklich, breiten sich ihre Wurzeln über ganze Kontinente hinweg aus. Sind sie stark genug, tauchen immer mehr Pilze auch sichtbar an der Oberfläche auf. In ähnlicher Weise weben alle, die sich diesem Aufstand im Herzen verpflichtet fühlen, an einem energetischen Netz der Menschlichkeit, an einem Energiefeld der Lebensliebe – im Vertrauen darauf, dass ein solches Feld zunächst unsichtbar ist und dennoch die äußere Realität intensiv zu beeinflussen vermag (mehr Informationen unter www.stiller-aufstand.de).

Gemeinsam Schöpferkraft entfalten

In der Verbundenheit mit etwas Größerem, mit dem Urgrund des Lebendigen, sind wir Lebenskraft selbst. Als solche gestalten wir die Geschicke des Universums, auf Ebenen, die unserem Alltags-Ich kaum zugänglich sind und von ihm nicht verstanden werden können.

Vor einigen Jahren wurde uns das erstmals so richtig klar, und zwar in einer Forschergruppe von neun Leuten, die sich traf, um in einem außeralltäglichen Bewusstseinszustand und mithilfe schamanischer Reisen das Medizinrad und die Energie der Himmelsrichtungen zu erforschen. Dort kam bei einem der letzten Male eine Vision auf, die gleich mehrere von uns in unterschiedlichen Bildern wahrnahmen. Wir trommelten zu Anfang gemeinsam, nachdem der heilige Raum eröffnet war. Fast alle nahmen dabei ein ziemliches Chaos wahr – Sturm, Gewitter, bevorstehende kosmische Geburten, fauchende Tiere. Schließlich schlüpfte im Erleben einer Frau ein Drache aus einem Ei (auch andere konnten diesen Drachen erleben) – und mit der Kraft der trommelnden und den Fokus haltenden Gruppe war es ihm möglich, bei mehreren Flügen rund um die Erde ein Netz aus Licht zu spannen. Ein Netz, das sie schützt, nährt und heilt. Als Gruppe – so nahm es die Frau weiter wahr, und andere erlebten analog dazu passende Bilder – haben wir die Schale des Dracheneis in kleine Stücke zerschlagen und in den vier Himmelsrichtungen vergraben. Dort wuchsen bald Bäume, die jeder für sich ein Gefühl oder einen Zustand repräsentierten, der von den Menschen bislang viel zu wenig wahrgenommen, bewusst durchfühlt oder gelebt wurde: Es waren Trauer, Verzweiflung, Demut und

Dankbarkeit. Wir pflegten diese Bäume, und immer mehr Menschen kamen hinzu, die diese Zustände nach und nach erlösten. Schließlich wuchs in der Mitte, im Zentrum der vier Bäume ein riesiger Weltenbaum hinauf. Seine Krone war bald so ausladend und groß wie die Erde selbst, aus der er emporwuchs. Er war gesund, dicht, kraftvoll und grün wie das sprichwörtliche blühende Leben. Und die Erde unternahm einen Shift, indem sie ihre Energien nach und nach hinauf in diese Baumkrone verlagerte. Als alte neue Erde begann sie dort zu leben und all ihre Kinder mit ihr.

Es war eine ungeheuer machtvolle und innerlich erschütternde Vision. Wir nahmen uns während des Trommelns und nachher im Austausch über das Erlebte wie schon einige Male zuvor als eine sehr kraftvolle Gruppe wahr, die mit ihrer gesammelten Schöpferkraft tatsächlich etwas bewegt – so wie es heute unzählige vergleichbare Gruppen weltweit tun. Sie setzen am Wandel im eigenen Bewusstsein an, sind auf Heilung und spirituelle Weiterentwicklung ausgerichtet. Damit verwandeln und heilen sie immer auch die Erde.

Eine Vision deiner Stadt

Mit diesen Eindrücken kommen wir zum Abschluss unserer gemeinsamen Reise durch die Themen dieses Buches. Du tauchst nun allmählich wieder in dein persönliches Leben, um deine Liebe zum Leben weiter erblühen zu lassen und dich auf deine Weise für Heilung und ein erfülltes Leben einzusetzen. So kommst du nach und nach dazu, deine Schöpferkraft zu deinem Wohle und zum Wohle des Ganzen zu nutzen.

Erlaube uns zum Abschluss eine weitere Vision, die an die anknüpft, mit der wir dieses Buch begonnen haben: Stell dir deine Stadt vor, in der du so wie viele andere Menschen den Anregungen dieses Buches und anderer spiritueller Richtungen folgst. Auch wenn diese Menschen einander nicht kennen, sie folgen ihrem Weg der Heilung und beflügeln damit alle anderen. So entsteht in dieser Stadt eine Atmosphäre, in der sich immer mehr Menschen gegenseitig mit der Freude darüber anstecken, das Leben im Sinne der Ganzwerdung, der größeren Bewusstheit zu gestalten. Zeitgleich tauchen unabhängig voneinander zahllose Frauen und Männer in ihre Achtsamkeits- und Bewusstseinsübungen ein – am Springbrunnen, in der S-Bahn, am Schreibtisch im Bürohochhaus, auf der Parkbank, in ihren Wohnungen. Überall treffen sich Menschen, die in sich ruhen und wissen, was es heißt, in der Liebe zum Leben zu sein. Überall bemerken die Menschen einander, sehen sich in ihren individuellen Qualitäten und schätzen sich für diese Vielfalt. Wenn einer strauchelt, sind viele Hände da, ihm wieder auf die Beine zu helfen. Immer mehr Licht strahlt aus deiner Stadt, und wenn du sie von der Vogelperspektive aus betrachten könntest, würdest du erkennen, wie sich dieses Licht mit dem Licht all der Städte in der Nachbarschaft verbindet. Die Länder und die Kontinente beginnen zu erstrahlen. Die Erde beginnt zu leuchten. In einem Licht der Liebe, der Dankbarkeit und der Bewusstheit.

Wir wünschen dir viel Freude dabei, das ganz wesentliche Licht dazu beizutragen: das Leuchten aus deinem Inneren.

Literaturempfehlungen

- Bohnefeld, Ulrich / Gonschior, Thomas: Auf den Spuren der Intuition (DVDs), Bayerischer Rundfunk
- Castaneda, Carlos: Die Reise nach Ixtlan, Fischer
- Castaneda, Carlos: Die Lehren des Don Juan, Fischer
- Griebert-Schröder, Vera: Eine Reise zu den Ahnen, Allegria
- Griebert-Schröder, Vera: Schamanische Bewusstseinsreisen
- Griebert-Schröder, Vera / Muri, Franziska: Vom Zauber der Rauhnächte, Irisiana
- Griebert-Schröder, Vera / Muri, Franziska: Meine allerschönsten Rauhnächte (Ein Tagebuch für die zwölf heiligen Nächte), Irisiana
- Ingerman, Sandra: Auf der Suche nach der verlorenen Seele, Ariston
- Ingerman, Sandra: Heilung von Mutter Erde, Lotos
- Harner, Michael: Der Weg des Schamanen, Rowohlt
- Hetzner, Johanna, Quantenheilung, Gräfe und Unzer
- Müller, Ralph: Die geheime Sprache der Vögel, AT
- Muri, Franziska: 21 Gründe, das Alleinsein zu lieben, Integral
- Muri, Franziska: Alles, was mich glücklich macht, Integral
- Richard, Ursula: Stille in der Stadt, Kösel
- Roads, Michael: Mit der Natur reden, Heyne
- Sheldrake, Rupert: Das schöpferische Universum, Nymphenburger
- Tolle, Eckhart: Ein neuer Himmel und eine neue Erde, Arkana
- Verhaag, Bertram: Der Agrar-Rebell. Permakultur in den Salzburger Alpen (DVD), DENKmal-Film Verhaag
- Walser-Biffiger, Ursula: Heilrituale in der Natur, AT

Endnoten

[1] Aus einem Interview mit dem Physiker und Neu-Denker im ersten Teil der höchst sehenswerten BRalpha-Fernsehdokumentation *Auf den Spuren der Intuition* von Ulrich Bohnefeld und Thomas Gonschior.

[2] Aus einem Interview im ersten Teil der BRalpha-Fernsehdokumentation *Auf den Spuren der Intuition* von Ulrich Bohnefeld und Thomas Gonschior.

[3] Sehr interessante, fundierte und von Herzen kommende Ausführungen dazu gibt es vom Neurobiologen und Hirnforscher Prof. Gerald Hüther, unter anderem auf seinen beim Auditorium-Verlag erschienen Vortrags-CDs *Den Übergang meistern – von der Ressourcennutzung zur Potenzialentfaltung* und *Wie man sein Gehirn optimal nutzt.*

[4] Meisterhaft beschrieben werden die Zusammenhänge von Stille und Sein, Gedankenaktivität und heilsamer Gegenwärtigkeit von Eckhart Tolle, *Jetzt. Die Kraft der Gegenwart* und *Eine neue Erde.*

[5] Ralph Müller: Die geheime Sprache der Vögel, AT Verlag, Seite 33.

[6] »Berlin. Hauptstadt der Wildschweine«, ein Film von Harriet Kloss und Markus Thöß.

[7] Joseph Campbell: Lebendiger Mythos, Goldmann.

[8] Anregungen für diese Zeit bieten unsere Bücher »Vom Zauber der Rauhnächte« und das Tagebuch mit sehr schönen Bildern und Platz für eigene Notizen: »Meine allerschönsten Rauhnächte«.

Vera
Griebert-Schröder

ist seit fast 30 Jahren als Heilpraktikerin, Therapeutin und Beraterin in München in eigener Praxis selbstständig tätig. In ihrer Arbeit fließen die Erfahrungen ihrer Ausbildungen bei Schamanen verschiedener Kulturen und die transpersonale Psychologie harmonisch zusammen. Mit ihrer Tätigkeit möchte sie einen Beitrag für ein erweitertes Bewusstsein leisten, für eine neue Kultur des lebendigen Miteinanders und der Verbundenheit mit einem größeren Ganzen. Sie ist Autorin der Bücher *Schamanische Bewusstseinsreisen*, *Schamanische Reisen zur Seele* und *Eine Reise zu den Ahnen*.

www.innenwege.de

Franziska Muri

ist Kultur- und Geisteswissenschaftlerin und seit vielen Jahren als Lektorin in der Buchbranche tätig. Beruflich wie privat sind ihre Inhalte ganzheitliche Heilung und Spiritualität. Zuletzt erschienen von der im bayerischen Alpenvorland lebenden Autorin die Bücher *Alles, was mich glücklich macht* und *21 Gründe, das Alleinsein zu lieben* (beide Integral Verlag). Im zuletzt genannten Buch geht es ihr darum, es SolistInnen leichter zu machen. Denn Alleinsein ist viel besser als sein Ruf und kann eine wertvolle Kraftquelle sein.

www.franziskamuri.de

Für Cover und Gestaltung:

Christina von Puttkamer

Grafikerin, beschäftigt sich ihr Leben lang schon mit Spiritualität und Kunst, wichtigen Ankerpunkten ihres Daseins. Beide sind bei ihr im Grunde ein tiefes und beharrliches Lauschen auf die Natur, die das Innere wie das Äußere durchströmt. Ihre Bilder sind für sie ein Medium, dieses Erleben sichtbar zu machen.

www.innergardens.de

Weitere gemeinsame Arbeiten: *Meine allerschönsten Rauhnächte* und *Mein Begleiter durch die Jahreszeiten*, beide Irisiana Verlag.